Heidelberger Schloss
Sagen und Geschichten

Rudi Dorsch

Impressum

Wellhöfer Verlag

Ulrich Wellhöfer, Weinbergstraße 26, 68259 Mannheim

Tel. 0621/7188167, www.wellhoefer-verlag.de

Gestaltung und Satz: Pixelhall, Mühlhausen

Alle Rechte vorbehalten, Mannheim 2007

ISBN: 978-3-939540-04-5

Das Heidelberger Schloss – sagenumwoben bis heute

Im Zeitalter moderner Publishing-Technologien und weltweiter Kommunikationsmöglichkeiten noch Sagen und alte Geschichten vom Heidelberger Schloss herauszugeben, scheint anachronistisch zu sein. Wir Verstandesmenschen von heute sind es nicht gewohnt, Sagen als eine Erkenntnisart anzusehen; wir verlangen nach logischen Deduktionen. Doch logisches Denken und die sich daraus ergebenden Folgerungen führen uns am Ende zu einem Punkt, an dem uns die Logik im Stich lässt. Die Sagen und Geschichten selbst scheinen nicht in eine Zeit zu passen, in der doch die Zeit als Solche Mangelware geworden ist.

Unverlässlichkeit und Ohnmacht werden täglich in den Medien präsentiert. Es gibt keine absolute Verlässlichkeit in der Welt, weder in der Beherrschung der Natur, noch in zwischenmenschlichen Beziehungen. Gegen die Ohnmacht im Menschsein und die Unverlässlichkeit in der Welt, gegen kriegerische und terroristische Inhumanität, gegen eine übermenschliche Technik und einer die Menschen oft verunsichernde Globalisierung, steht offenbar das Vertrauenserweckende, der tragende Grund: gemeinsame Sprache, Geschichte und Kultur, Heimat und Landschaft, Freunde und Familie.

Örtliche Sagen und Geschichten geben daher ein Gefühl für die Heimat, mit der man sich identifizieren kann. Unter den Einsendungen beim Wettbewerb um das schönste deutsche Wort folgt nach dem einfachen Wort „Liebe" das Wort „Heimat", ein Indiz dafür, dass die Menschen Verlässlichkeit und Geborgenheit suchen.

Unsichtbar und sichtbar prägten die geschichtlichen Ereignisse, die über Heidelberg hinweg zogen, den Charakter von Schloss und Stadt. Das Historische wurde in vielen wissenschaftlichen und populären Beiträgen schriftlich festgehalten. Manches ist in Sagen gekleidet worden. Es ist an der Zeit, die Sagen ideologiefrei in ihrer Ursprünglichkeit wieder aufleben zu lassen.

Schiller sagte im Krankenbett am Ende seines Lebens: „Gebt mir Märchen und Sagen zum Lesen, denn in ihnen ist der Keim zu allem Schönen, Großen und Guten enthalten!"

Im Nachfolgenden wird versucht, die Sagen und Geschichten zum Heidelberger Schloss in ihrem geschichtlichen Zusammenhang zu sehen. Lyrische „Einsprengsel" offenbaren ihren Stellenwert in der Heidelbergliteratur. Der Heidelberger „genius loci" ist von der Landschaft, der Geschichte, der Wissenschaft, der Kunst, aber auch von der Poesie geformt worden.

4

Die Beschäftigung mit den Sagen und Geschichten will keinen Beitrag zum Zwecke wissenschaftlicher Erkenntnis leisten; sie will lediglich zur literarischen Vielfalt in Bezug zur Stadt und zum Schloss beitragen.

Rudi Dorsch, im März 2007

Wie die Bezeichnung Pfalz, Pfalzgraf und Kurpfalz entstand

Vor Urzeiten war unser Gebiet von Eis und danach von einem weiten Meer bedeckt, wo viel Urgetier lebte. Die wärmende Sonne trocknete das Meer aus, gab allmählich das Land frei, ließ die Walhaie, Dinosaurier, Riesenechsen, die großen Urvögel, aber auch die kleinen Kolibris aussterben und verwandelte die Gegend in ein fruchtbares Land. Eine Legende erzählt, dass ein Flussgott, der vor Urzeiten hier lebte, mit einem mächtigen Meeresgott in Streit geriet und von ihm gefangen genommen wurde. Mit Hilfe der schönen Flussnymphen und Undinen beschwichtigte er den grollenden Meeresgott. So erlangte der Gefangene seine Freiheit zurück. Es war der Rhein. Er brachte bei uns das Meer zum Austrocknen. Eine fruchtbare Ebene mit dem Rhein blieb zurück, die im Westen und im Osten von Bergen gesäumt ist.

Nach einer alten Sage soll Christus auf seiner Wanderung durch die Welt in unser Land gekommen sein. Plötzlich trat der bocksbeinige Teufel an ihn heran und führte ihn auf eine Anhöhe unweit des Hambacher Schlosses. Er zeigte ihm das prächtig blühende Land und den Ort, wo einmal Heidelberg liegen möge. Er sprach zu Jesus, dass er ihm diesen paradiesischen Flecken geben wolle, wenn er vor ihm niederkniee

9

und ihn anbete. Christus antwortete dem Widersacher Gottes nur mit dem Wort: „Behalt's!" Die Bewohner dieses Landstrichs, die dieses Wort aus dem Munde des Herrn hörten, sprachen es in ihrem Dialekt nach und so entstand der Name „Pfalz". Der Teufel benahm sich recht dumm; er hätte doch wissen müssen, dass er ohne jede Chance war!

Eine humorvollere Deutung gibt uns der Mundartdichter Gustav Gutmann:

> *Der Herr hot all sei Schtern gezählt, o Wunner!*
> *Do fällt em aus Versehe der scheenschte runner.*
> *Gleich secht's Volk unne: Grad der fehlt uns noch.*
> *Ach liewer Herr, loss uns des Schternche doch!*
> *Ei, lacht der Herr, ihr seid net blöd, no bhalts! –*
> *Un seit der Zeit heeßt unser Land die „Palz".*

Die Bezeichnung Pfalz leitet sich vom lateinischen Wort „palatium" ab, was soviel wie Palast oder Residenz bedeutet. Im Mittelalter zogen im deutschen Reich die Könige und Kaiser von Pfalz zu Pfalz, das waren besonders prachtvolle Wohngebäude für den König und sein Gefolge mit Verwaltungs- und Wirtschaftsbauten wie sie z.B. in Aachen, Ingelheim, Goslar, Wimpfen, usw. bestanden. Von hier aus regierten sie mit den Pfalzgrafen das Reich. Den Pfalzgrafen unterstand die Hofkanzlei und sie verwahrten das Majestätssiegel. Mit der Verleihung der Pfalzgrafenwürde durch Kaiser Barbarossa (Friedrich I.) im Jahre 1156 an Konrad von Hohenstaufen markieren wir den historischen Beginn der Pfalz am Rhein als selbständiges Territorium. Mit der Bezeichnung Kurpfalz wird auf die Kurwürde hingewiesen. Dem kaisertreuen Pfalzgrafen Ruprecht I. (1353 - 1390) wurde in der Goldenen Bulle von 1356 bestätigt, dass ihm und seinen Nachfolgern die Kurwürde zustehe. Dieses Reichsgrundgesetz legte das Zeremoniell der Königswahl und die Reihenfolge der stimmberechtigten Kurfürsten fest. Das Kurkollegium bestand aus sieben Kurfürsten: drei geistlichen (Mainz, Trier und Köln) und vier weltlichen (Königreich Böhmen, Pfalz, Sachsen Wittenberg und Brandenburg).

Den Kurpfälzern oblag danach das oberste Hofamt, das Truchsessenamt. Sie vertraten bei längerer Abwesenheit oder nach dem Tod eines Kaisers als Reichsvikar bis zu einer Neuwahl des Königs als Oberhaupt das Reich. Im Dreißigjährigen Krieg ging die pfälzische Kurwürde an Bayern verloren.

Die Jettasagen und der Wolfsbrunnen

Die Jettasagen erzählen von einer geheimnisvollen Wahrsagerin aus längst verschollener Zeit. Es ist Thomas Leodius, der diplomatische Berater und Reisebegleiter von Kurfürst Friedrich II. (1544 - 1556), welcher uns die Sage erstmals berichtet:

Einst lebte auf dem Jettenbühel, wo jetzt das Schloss steht, eine Wahrsagerin namens Jetta. Sie hauste in einer heidnischen Kapelle, deren Mauerreste Leodius und der Kurfürst noch erkannt haben wollen. Die Anfänge des heutigen Schlosses sind im 13. Jahrhundert zu suchen. Die Menschen reisten von weit her zu dem berühmten Hügel unterhalb des Königstuhls, um sich von der prophetischen Seherin die Zukunft vorhersagen zu lassen. Wer ihren Rat begehrte, dem pflegte sie die Antwort, ihr Gesicht mit den Händen verbergend, vom Fenster der Kapelle aus zu geben. Kurz vor ihrem Tode trat sie in das glühende Abendlicht hinaus und prophezeite die kommende Zeit: „Auf diesem Hügel werden Paläste erbaut, die von weisen Fürsten bewohnt werden!" Sie beschwor das Leben, das hier einzöge, sie kündigte von Jubel und Treiben im Tal, aber auch von grausigen, kriegerischen Zeiten. An einem sonnig heißen Tag verließ die Seherin ihre Behausung und lenkte ihre Schritte über den Hügel durch den

Wald. *Entzückt von einer rauschenden Quelle kniete sie nieder, um sich am frischen Wasser zu laben, als eine hungrige Wölfin mit ihrem Jungen sie angriff und tödlich verletzte. Seitdem heißt die Quelle auch der Wolfsbrunnen.*

Manche spätere Autoren vermuten, dass die Sage eine Erfindung des Leodius in Anlehnung an die germanische Seherin Veleda bei Tacitus sei. Auch habe sie in der Zeit um 60 n.Chr. gelebt, denn dort heißt es in einer deutschen Übersetzung aus dem Jahre 1628:

„*Um die zeit da die Jungfraw Veleda bey den teutschen Völckern Bructeris das Regiment geführet / ist eine alte Vettel gewesen / Jettha geheißen / welche gewohnet auff dem Berge / da itzund das Schloß zu Heydelberg stehet / und noch den Namen hat / daß es der Jettenbühel heisset.*"

Leodius bezeichnet sie als „alte Vettel", weil sie als heidnische Seherin so gar nicht in das christliche Bild seiner Zeit passte.

Eine andere Version findet sich in einer Handschrift der Battschen Sammlung der Heidelberger Universitätsbibliothek. Leider gibt die Handschrift weder einen Hinweis zum Verfasser noch eine Jahresangabe. An Hand

14

weiterer Aufzeichnungen lässt sich diese Handschrift einer kurpfälzischen Kanzlei vor 1505 zuordnen. Dort lesen wir:

Ein frommer Einsiedler, der in der Nähe des Schlier-bacher Hofes eine Zelle bei einer Quelle hatte, diente tagaus, tagein Gott mit Beten und Fasten. Jetta, eine frühe Christin, war mit dem fränkischen Herzog Anthy-sius verheiratet. Auf Drängen seiner Frau ließ sich der Herzog zum Christentum bekehren und vom Einsied-ler taufen. Als Anthysius im Schloss zu Handschuhs-heim starb, wurde er bei der Kirche, die er noch zu Lebzeiten nahe der Zelle des Einsiedlers in Schlier-bach erbauen ließ, begraben. Jetta errichtete auf dem Hügel, dort wo heute der ehemalige Spiegelsaal des Friedrichsbaues erbaut wurde, eine Kapelle, um Gott zu dienen. Als sie an einem kalten grauen Winter-tag zum Grab ihres verstorbenen Mannes ging, wurde sie unterwegs von zwei hungrigen Wölfen angefallen. Nach zwei Tagen fand man die Tote. Als man sie „uff-heben wollte, da ist uff solcher wahlstatt unter Ihrem haupt Eine liebliche Brunnenquell enttsprungen", die seitdem Wolfsbrunnen heißt.

Eine romantisch verklärte Variation der Jettasage gibt uns Aloys Schreiber, 1805 - 1813 Professor der Ästhetik an der Universität Heidelberg. Er pflegte zu Heinrich Voß, dem

15

Übersetzer der Odyssee und der Ilias, ein freundschaft-
liches Verhältnis. Voß war ein entschiedener Gegner der
Heidelberger Romantiker.

*Ein edler Jüngling hatte den Ruf von der auserwähl-
ten und schönen Seherin Jetta vernommen, die am
Berg des Königstuhls in einer Kapelle hausen solle.
Er entschloss sich und suchte sie auf, um sie über sein
künftiges Schicksal zu befragen. Als er nach langem
Suchen vor ihr stand und sie in ihrer Schönheit und
Anmut bewundern konnte, verschlug es ihm die Sprache. Nach einer Weile sprach er endlich: „Hohe Jung-
frau! Du hast die Gabe, klar in die Zukunft zu sehen;
könntest du mir nicht weissagen, welches Los mich
erwartet?" Jetta warf einen forschenden Blick auf den
schönen Jüngling, der von weit her gekommen war
und sprach mit einem Lächeln: „Morgen Abend, wenn
die glutrote Sonne im Westen untergeht, sei wieder
hier, dann will ich dir die Antwort geben!" Pünktlich
um die bestimmte Zeit erschien er bei Jetta, die in trü-
ben Gedanken versunken vor sich hinstarrte. „Was haben die Runen gesagt?", wandte er sich leise an Jetta.
Sie schüttelte wehmütig ihren lieblichen Kopf mit dem
lockigen langen Haar und seufzte: „Die Deutung der
Runen ist mir nicht klar geworden; ich fürchte, unse-
re Lebenssterne berühren sich." Der Jüngling fühlte
sich glücklich, fiel ihr zu Füßen und nahm ihre Hand,*

16

die er mit glühenden Küssen bedeckte. „Willst du dein Schicksal mit dem meinigen verknüpfen?", fragte sie aufgeregt den Jüngling. Bei allen Göttern schwur der Glückliche fortan nur ihr allein zu gehören. „Dann muss aber unser Glück vor den Augen der Menschen verborgen bleiben!", sprach sie zu ihm liebevoll. Als Ort des Wiedersehens war um Mitternacht die lauschige Quelle im Wald ausgemacht. In der Nacht, als der Jüngling zur Quelle kam, bot sich ihm ein entsetzliches Geschehen. Jetta lag leblos am Boden. Ein großer Wolf hatte ihr das Herz herausgerissen. Mit gezücktem Schwert erschlug er das Ungeheuer mit seinen glühenden Augen und begrub seine geliebte Jetta unter Tränen an der Quelle. Seit jener Zeit führt die Quelle den Namen Wolfsbrunnen.

Diese romantische Geschichte war für den Heidelberger Mundartdichter Karl Gottfried Nadler (1809 - 1849) der Grund zu seinem Gedicht des Jettasteins.

Wo der Schteen licht (liegt), Mudder,
willscht du wisse,
Wo mich feschtbannt hier,
der gfeide (geweihte) Schteen,
Daß ich nimmer aus dem Dhal kann kumme,
Hunnertmol hab Abschied schun genumme
Un kann doch halt nie un nimmer gehn?

17

Wo der Schteen licht? – Muscht die Jhetta froge,
Wo en (ihn), noch in alder Heidezeit,
Drowe im Gebirg hot gsucht und bhaue (behauen);
Wer druf tret, muß hier sein Hüttche baue,
Dozu hat se'n zauwerkräfdig (zauberkräftig)
gfeit (geweiht).
Wo der Schteen licht? – soll ich's dann verrodhe?
In dem Gässel vor meim Schatz seim Haus!
War jo doch keen annre Weg noch gange –
War beim erschte Tritt dorthin schun gfange –
Un mim Fortgehn is's uf ewig aus!

Friedrich Seupel lässt 1869 in der „Entstehung der Stadt Heidelberg", einem vaterländisch romantischen Gemälde, Jetta zur Bittstellerin beim Kaiser werden.

Im Jahre 800 soll Jetta zur Einweihung des Klosters Lorsch gekommen sein, wo auch Karl der Große anwesend war. Sie bittet den Kaiser reuevoll um Gnade für ihren als vogelfrei erklärten Mann Anthysius, den die Häscher in den Wäldern suchen. Karl der Große begnadigt Anthysius und Jetta kehrt freudig und voller Hoffnung nach Heidelberg zurück. Dort trifft sie aber ihren geliebten Mann nicht an. Gemeinsam mit ihrem Sohn sucht sie ihn im Wald, in dem er sich versteckt hält. Da wird ihr Söhnchen von einem Wolf angefallen.

Jetta stürzt sich auf den Wolf und wird dabei lebensge-
fährlich verletzt. Sie stirbt in den Armen ihres Mannes,
aber ihr Kind lebt. Seit dieser Zeit heißt diese Stelle,
wo sich diese Tat ereignete und eine friedliche Quelle
frisches Wasser ins Tal ergießt, der Wolfsbrunnen.

Kurfürst Friedrich II., ein leidenschaftlicher Jäger, ließ
an der Quelle des Schlierbaches ein „Lusthaus" errich-
ten, um mit seiner Jagdgesellschaft nach der Jagd zu ras-
ten. In den Reiseaufzeichnungen des Christian Ludwig
von Schönberg aus dem Jahre 1671 lesen wir zum

Wolfsbrunnen: „Ihre Churfürstliche Durchlaucht haben alda drei Teiche übereinander mit Forellen besetzet, an dem obersten ist ein feiner gepflasterter Platz, an einer Seite mit einer Mauer umbgeben, unter welcher ein klares Brunnwaßer herdurch läuffet. Es ist alda ein langes Gewölb zu sehen, woselbsten dem Vorgeben nach eine von den Sybillen sich aufgehalten haben, sonsten kann man sich alda wohl tractieren laßen mit fricasierten Hühnern und Vögeln."

Der stimmungsvolle und sagenumwobene Wolfsbrunnen wurde wie kein anderer Heidelberger Ort zu einem Ausflugsort für Jung und Alt, für Dichter und Schriftsteller und selbst für Staatsmänner, die in Heidelberg weilten. August von Kotzebue, Dichter und russischer Staatsrat, der von Sands Hand erdolcht wurde, schrieb 1803:

„Auf dem Wolfsbrunnen, in dem der König von Preußen (Friedrich Wilhelm III.) frühstückte, wölbten sich noch

300-jährige Linden zu einem Tempel über dem Brunnen zusammen. Ihre Zweige waren so dicht ineinander verwachsen, dass man sich ihrer, wie des Fußbodens, zum Gehen bediente, dass man Tische und Stühle darauf setzen und in der grünen Dämmerung in fröhlicher Weise verkehren konnte. Die fremden Damen - so erzählten die Nachbarn - saßen oben in den Bäumen mit Büchern und Strickstrümpfen, oder ließen gar ein Klavier darauf stellen, die Herren lauschten mit Flöten in den dick belaubten Ästen; unter der kühlen Nacht wurde Kaffee und Thee gekocht; der Quell murmelte heimlich und unsichtbar hinter der grünen duftenden Wand." Es ist uns in Briefen überliefert, dass der junge Preußenprinz hier mit seiner Verlobten, Luise von Mecklenburg, 1793 seine Urlaubstage verbrachte.

In der Lyrik, wo Erleben, Stimmung, Gefühle und Nachempfinden dichterisch ausgedrückt werden, wird dieser Ort verehrt. Das älteste Gedicht, ein Sonett „Vom Wolffsbrunnen bey Heidelberg", stammt aus der Feder des Martin Opitz (1597 - 1639), der hier studierte.

Oh edele Fonteyn mit Ruh vnd Lust vmbgeben,
Mit Bergen hier vnd dar, als einer Burg, vmbringt,
Printz aller schönen Quell, auß welchem Wasser dringt . . .

Der Brunnen sei nur hier im Gebirge, um die Freude und die Schönheit der Welt zu verklären.

Eine unbekümmerte Fröhlichkeit spricht aus dem 1625 veröffentlichten „Galathee"-Lied, in welchem er auf eine amüsante Liebesaffäre am Wolfsbrunnen anspielt:

„Geh jetzund hin zu dem Brunnen /
Da des Wolffes strenge Macht
Mutter Jetten umbgebracht /
Da sich offters durch der Sonnen
Heisse Stralen angeregt
Galathe zu dir gelegt;

Da sie dich mit vielen Küssen
in die weissen Armen schloß;
Da du in der zarten Schoß
Deine Lust recht kondtest büssen;
Aber jetzt / O Corydon /
Ach wie weit bist du darvon!"

Joseph von Eichendorff vermerkte unter dem 20. September 1807 in seinem Tagebuch, dass er mit seinem Bruder zum Wolfsbrunnen wanderte. „Hier standen wir nun, im Hintergrunde ringst von fast gantz kahlen grauen Bergen umschloßen, auf demselben Orte, wo Clara stand, als sie ihren Clairant wiedersah." Er spielt hier auf den meistgelesenen Roman seiner Zeit „Clara du Plessis und Clairant", eine rührselige Liebesgeschichte von August Heinrich Julius Lafontaine, an. Der Roman handelt von Clairant, dem Sohn eines einfachen Lothringer Pächters, der sich unsterblich in Clara, die Tochter des Vicomtes du Plessis, verliebt. Nachdem durch die Französische Revolution die Stände abgeschafft worden sind, scheint ihrer tiefen Liebe nichts im Wege zu stehen. Doch Claras Familie flüchtet vor der Revolution nach Deutschland, während sich Clairant der französischen Revolutionsarmee anschließt. Clara trifft ihren Geliebten am verwunschenen Wolfsbrunnen in Heidelberg und stirbt kummervoll in seinen Armen; er passte nicht in die starre Standeswelt ihrer Eltern.

Joseph von Eichendorff und Johanna Schopenhauer, die Mutter des Philosophen Arthur Schopenhauer vermuteten, dass der Wolfsbrunnen der eigentliche „Siegfriedsbrunnen" sei, jener mythische Ort, wo Siegfried, der Held der Nibelungensage, meuchlings von Hagen auf der Jagd getötet wurde. Er schreibt in seinem Tagebuch: „Ein kleines uraltes Haus nebst einem ebenso alten schwarzen Springbrunnen steht bedeutungsvoll am Eingang in dieses Feental, wo der gehörnte Siegfried auf der Jagd von einer Prinzessin erschossen worden und andere altdeutsche Märchen ruhen." Hier täuschte den Romantiker seine schwärmerische Fantasie; denn der Wolfsbrunnen zählt nicht zur Gruppe der vermeintlichen Siegfriedsbrunnen im Odenwald bzw. im Kraichgau.

23

Karl Immermann (1796 - 1840), bekannt durch seine literarischen Geschichten des „Erzwindbeutels" Münchhausen,
erzählt die Sage neu, indem er die Jetta historisch-symbo-
lisch deutet und mit ihr die Realität des Alltags zerstört,
während Amalie von Helwig 1814 schließlich versucht,
die Sage als Märchen zwischen einem jungen verliebten
Jägersburschen und der Seherin, die sich ihm gegenüber
mit dem „wahren Namen Welleda" bezeichnet, darzustel-
len.

Die heimliche Liebesheirat der Agnes von Staufen und ihrer Tochter

Historisch ist belegt, dass Konrad von Hohenstaufen, ein Stiefbruder Kaiser Barbarossas, im Jahre 1156 mit der rheinischen Pfalzgrafenwürde belehnt wurde, nachdem der ungetreue Pfalzgraf Hermann von Stahleck beim Kaiser in Ungnade gefallen war.

Die einzige überlebende Erbin des ersten rheinischen Pfalzgrafen, Konrad von Hohenstaufen, war seine Tochter Agnes. Ihre beiden Brüder waren bereits verstorben. Schon im Kindesalter waren Agnes und Herzog Heinrich von Braunschweig, ein Sohn des Welfenherzogs Heinrich des Löwen (1129 - 1195), einander versprochen worden. Doch die Welfen, im Streit mit den Staufern, wurden gestürzt und Heinrich der Löwe lebte in der Verbannung. Sein Sohn Heinrich von Braunschweig, auch der Lange genannt, musste mit dem Kaiser als Geisel nach Italien ziehen. Agnes war herangewachsen und eine der reichsten und schönsten Fürstinnen Europas. Der Kaiser und sein getreuer Pfalzgraf Konrad waren übereingekommen, Agnes mit dem König Philipp II. von Frankreich zu vermählen. Agnes wehrte sich heftig gegen diese Heirat und ihre Mutter stand ihr treu zur Seite. Als der junge Braunschweiger von diesem Plan erfuhr, floh er nachts aus dem kaiserlichen Lager in Neapel und flüchtete in die Arme seiner Angebeteten nach Bacharach am Rhein. In aller Heimlichkeit hat die Mutter auf Burg Stahleck im Frühjahr 1194 die Trauung des glücklichen Paares durch einen Priester vollziehen lassen. Als Pfalzgraf Konrad aus Italien zurückkam, war nichts mehr zu ändern. Die Vermählten erbaten den Segen ihrer Väter. Der Kaiser, darüber erzürnt, konnte Geschehenes nicht ungeschehen machen. Weil die Heirat im Lande ein lautes Echo fand, vor allem, weil durch diese Liebesheirat im langjährigen Streit und Hader zwischen den Welfen und den Staufern ein Zeichen der Versöhnung gesetzt wurde, musste sich der Kaiser geschlagen geben.

Ihre Tochter, ebenfalls mit dem Vornamen Agnes, heiratete den Wittelsbacher Herzog Otto I. Eduard Duller dichtete auf die Begegnung des Wittelsbachers mit der schönen Welfentochter vier Romanzen. Die kriegerische Auseinandersetzung zwischen dem Pfalzgrafen und dem Bayernherzog Ludwig I. führte die beiden Liebenden auf dem Schloss in Heidelberg zusammen. Agnes „lächelt milde, sie reicht ihm still die Hand, als ihrer Gegenliebe geweihtes Unterpfand".

> Nun so vernimm du Holde,
> was noch mein Mund nicht sprach:

Ich jener Waffenherold,
bin Sohn des Wittelsbach!
Ein Wittelsbach bist du?
Weh mir, ein schlimmes Wort!
So sind wir streng geschieden,
so musst du schleunigst fort.

Gott, wenn sie hier dich finden,
sie schonen deiner nicht,
ob auch darob mir Armen
das Herz vor Sorgen bricht!

1214 übertrug der Kaiser die Pfalzgrafenwürde auf die Wittelsbacher. Seit dieser Zeit ist das Geschlecht der Wittelsbacher Träger der Pfalzgrafenwürde bis zur Auflösung der Kurpfalz im Jahre 1803. Der Bayernherzog Ludwig verlor 1215 seine Freiheit und wurde auf dem Schloss bis zur Eheschließung seines Sohnes Otto mit der Welfentochter Agnes gefangen gehalten. Der Pfalzgraf Heinrich und Herzog Ludwig I. von Bayern versöhnten sich. Die Hochzeit wurde in Straubing ausgerichtet.

Die Wittelsbacher führen ihre Abkunft auf die bayrischen Stammesherzöge zurück. In ihrem Schloss zu Scheyern, später zu Wittelsbach, herrschten sie über einen großen Teil des bayrischen Landes. Ihr Wappen ziert die weiß-blauen Wecken bzw. Rauten. 1225 belehnte der

Wormser Bischof den mit Agnes verheirateten Otto aus
dem Geschlecht der Wittelsbacher mit Heidelberg und
der Grafschaft im Stahlbühl, um ihn und seine männlichen Nachkommen als Lehnsleute der Wormser Kirche
einzusetzen. Amt und Besitz der pfalzgräflichen Stellung
wurden dadurch erst gefestigt.

Der Pfalzgraf und sein Schwesterlein Rosenrot – eine romantische Ballade

Die Romantik ist eine geistige Bewegung, ein Aufstand des Gefühls und der Fantasie gegen die spröde und nüchterne Aufklärung, eine geistige Welt, die im Heimatboden und Volkstum wurzelt. Während die Aufklärung die Vernunft zur einzigen Autorität erhob, ersetzte die Romantik den Rationalismus durch die träumerische Vorstellungs- und Einbildungskraft, durch die Erfindungsgabe. Zu den bedeutendsten Dichtern der Heidelberger Romantik zählt Clemens Brentano. Mit seinem Freund Achim von Arnim gab er in den Jahren 1806 bis 1808 „Des Knaben Wunderhorn" heraus, eine Sammlung alter deutscher Volkslieder. Der populäre Joseph von Eichendorff sagt von dem kapriziösen und romantischen Brentano, er sei nicht eigentlich ein Dichter, sondern ein Gedicht gewesen. Die Ballade „Der Pfalzgraf am Rhein" hat er aus mündlicher Überlieferung in Versform gesetzt und im zweiten Band des Wunderhorns veröffentlicht. Das mündlich überlieferte Motiv dieser Ballade lässt sich bis ins 12. Jahrhundert zurückverfolgen. Bedenkt man, dass Baden und somit auch Heidelberg mit der Universität von Napoleons Gnaden abhängig war, ist diese altdeutsche Liedersammlung in den Jahren 1805 bis 1808 ein latenter Aufruf, sich der nationalen Identität bewusst zu werden.

Ein junger König von England war von der Schönheit der Schwester des Pfalzgrafen überwältigt und in großer Liebe zu ihr ergriffen. Um zu erkennen, dass sie nur ihn liebe, nicht seine Krone und sein Land, ließ er sich als Küchenjunge im Schloss verdingen. Er gewann die Liebe der jungen Pfalzgräfin und bat den Pfalzgrafen, in die Heirat seiner Schwester einzuwilligen. Doch der Pfalzgraf spottete: „Geh zum Herd in der Küche und freie um ein Scheit Holz; meine Schwester ist zu adelig für dich armen Schalk!" Der junge König antwortete: „Deine Schwester liebt mich und trägt

mein Kind unter ihrem Herzen." Er eilte davon und war nicht wieder gesehen. Der Pfalzgraf entbrannte in Zorn und ließ seine Schwester drei Tage lang auspeitschen. Da rief die Schwester in ihren unermesslichen Schmerzen: „Haltet ein, haltet ein und schont mein Leben; denn das Kind, das ich unter dem Herzen trage, ist des Königs von England!" Da erschrak ihr Bruder, nahm sie von der Marter und pflegte sie reuevoll. Aber es war zu spät, sie überlebte die Geißelung nicht und wurde im Grab ihrer Mutter beigesetzt.

Da erschien der König von England mit seinen Rittern im Schloss und fragte den Pfalzgrafen: „Pfalzgraf am Rhein, wo ist dein hübsches Schwesterlein?" Zögernd antwortete der Pfalzgraf: „Meine Schwester, so schön wie die Rosen rot, geraubt hat sie mir der bittere Tod!" Der König von England zog daraufhin sein Schwert, stieß es dem Pfalzgrafen durch sein grausames Herz und rief dabei: „So sollst auch du sterben."

Im alten Recht war bei einer Verletzung der Sippenehre die Strafe des zu Todepeitschens üblich. In späterer Zeit wurde diese Privatjustiz nicht mehr verstanden. Die Aufklärung setzte der Selbstherrlichkeit des Königtums ein Ende.

Clemens Brentanos Ballade lautet:

Es wohnt' ein Pfalzgraf an dem Rhein,
Der ließ verjagen sein Schwesterlein.
Da kam der Küchenjung zu ihm:

„Willkommen, willkommen, Pfalzgraf am Rhein!

Wo ist dein schönes Schwesterlein?" –
„Mein Schwesterlein, die kriegst du nicht,
Sie ist dir viel zu adelich,
Und du gehörst zur Küch hinein."

„Warum sollt ich sie kriegen nicht?
Sie hat von mir ein Kindelein!" –
„Hat sie von dir ein Kindelein,
Soll sie nicht mehr meine Schwester seyn!"
Er ließ sie geißeln drei ganzer Tag,
Bis man ihr Lung und Leber sah:
„Hör auf, hör auf, es ist genug,
Es gehört dem König aus Engelland!"

„Gehört es dem König von Engelland,
So kostet mich's mein ganzes Land,
Mein ganzes Land ist nicht genug,
Mein Leben muß auch noch darzu."

Es stund nicht länger als drei Tag' an,
Da kam der König aus Engelland:
„Willkommen, willkommen Pfalzgraf am Rhein,
Wo ist, wo ist dein Schwesterlein?"

„Mein Schwesterlein, die ist schon todt,
Sie liegt begraben röslinroth!"
„Liegt sie begraben röslinroth,
So mußt du leiden den bittern Tod!"

Selbst zog er sein schweres goldnes Schwert
Und stach es dem Pfalzgrafen durch sein Herz;
„Hat sie müssen leiden den bittern Tod,
So mußt du leiden den Schmerz."

Diese tragische Sage des Pfalzgrafenschwesterleins ist in der pfalzgräflichen Geschichte nicht verbürgt; sie beruht auf einem Volkslied, das Goethe auf seiner Reise durch das obere Elsaß im Jahr 1771 aufzeichnete und an Herder, der alte Volkslieder sammelte, übergab. Die Ballade beruhe auf einer dänischen Sage, die schon für das 16. Jahrhundert bezeugt sein soll

Im Musenalmanach für das Jahr 1808, herausgegeben von Leo Freiherr von Seckendorf, wird das Lied zu einem romantischen Liebeslied eines Fuhrknechtes und lautet:

Es fuhr ein Fuhrknecht über'n Rhein,
Er kehrt beim jung'n Pfalzgrafen ein.
„Gott grüss dich Pfalzgraf, hübsch und fein!
Wo hast dein adlich Schwesterlein?"
„Was hast nach meiner Schwester z'frag'n?
Sie ist dir viel zu adelich."
„Soll sie mir viel zu adlich sein,
Trag ich sie doch im Herzen mein."
„Im Herzen wohnt kein' Pfalzgräfin schön,
Du musst ihr baun ein Schloss in Höhn."
„Gott grüss dich, Pfalzgraf, hübsch und fein!
Über's Jahr will ich wiedrum bei dir sein."

Im Handbuch des Deutschen Volksliedes handelt ein
Lied von der Bluthochzeit eines Pfalzgrafen, der sich des
Königs Töchterlein erkämpft. Beim Kampf müssen sie-
ben sterben, darunter Vater und Mutter sowie die drei
Brüder. Der böse Pfalzgraf entführt die Schöne „bis daß
sie sieben Schlösser blinken sahn: ...Die Schlösser sind
alle sieben mein. Darauf sollst du mir Pfalzgräfin sein."
Mit Trommeln und Pfeifen wird die schöne Braut zur
Hochzeitsafel geleitet. Doch die junge Braut konnte
nicht lustig sein; denn „zuerst er schlug den Vater tot,
zum andern die liebe Frau Mutter mein, zum dritten die
Brüder alle drei: Gedenkt, wie mirs zu Mut mag sein...
In der Nacht, wohl mitten in der Nacht, der Pfalzgraf an
sein feins Liebchen dacht. Er wollte sie küssen auf ihren

roten Mund, da war sie tot und nicht gesund." Auch er starb in der „nemlichen Stund". Dieses mythische Lied, wo Böses mit Bösem vergolten wird, zählt zum Reich der Märchen. Die Zahl sieben entspringt der Zahlenmystik. Sie gilt als heilige Zahl; daher die sieben Toten und die sieben Schlösser.

Das Lied vom jüngsten Pfalzgrafenschwesterlein

Ein Ausfluss der Romantik war das Liedersammeln noch am Ende des 19. Jahrhunderts. Es war Johann Gottfried Herder (1744 - 1803), der 1766 zum Sammeln von „alten Nationalliedern" aufrief. Er war es, der das Wort „Volkslied" prägte und in die deutsche Sprache einführte. Um 1900, als die Romantik schon längst Geschichte war, veröffentlichte Elizabeth Mincoff-Marriage, eine Engländerin, die in Heidelberg studierte, Volkslieder aus der Badischen Pfalz.

Das Lied vom jüngsten Pfalzgrafenschwesterlein blieb in vielen Varianten als romantisches Volksgut erhalten. Die jüngste Tochter eines Pfalzgrafen verlor ihre Liebe an einen flatterhaften Spielmann, der auf dem Schloss aufspielte. Sie zog mit ihm heimlich fort in die raue Welt. Doch der untreue Spielmann verstieß sie. Bei einer ihrer Schwestern suchte sie einen Dienst. Die ältere Schwester erkannte sie nicht mehr und zögerte, sie aufzunehmen; denn sie fürchtete ihre Schönheit. Als sie nach einem Jahr aus Liebe krank wurde, gab sie sich zu erkennen, aber es war bereits zu spät.

Das Lied lautet:

Es zog ein Pfalzgraf übern Rhein,
der hatte drei schöne Töchterlein,
der hatte drei schöne Töchterlein.
Die erste zog ins Niederland,
die zweite zog ins Baierland.
Die dritte zog vor Schwesters Haus und fragt,
ob sie keine Dienstmagd braucht.
„Ach nein, ach nein, ich brauch' dich nicht,
Du bist so fein von Angesicht."
„Ach ja, ach ja, ach nimm mich doch,
ein halbes oder ein ganzes Jahr."
Und als das Jahr vorüber war,
da fing sie's an krank zu sein.
„Ei Mädchen, wenn du krank sein willst, so sag',
wer deine Eltern sind."
„Mein Vater ist Pfalzgraf über den Rhein,
meine Mutter ist Königstöchterlein."
„Wer holt mir Zucker, wer holt mir Wein für mein
allerliebstes Schwesterlein?"
„Ich mag kein Zucker, ich mag kein Wein,
ich mag ins kühle Grab hinein."
Mit weißem Kleid und Federstrauß,
so trug man sie zum Tor hinaus.

Der grausame Tod der vermeintlichen Ehebrecherin Marie von Brabant

Ludwig II., Pfalzgraf bei Rhein und Herzog in Bayern, wurde 1229 in Heidelberg als Sohn Otto II. auf der alten Burg, oberhalb des Schlosses gelegen, geboren. Beim Tod seines Vaters im Jahre 1253 findet die erste Erbteilung statt. Ludwig erhält 1255 die Pfalz und Oberbayern, sein jüngerer Bruder Heinrich Niederbayern mit Straubing und Landshut. Die Pfalzgrafenwürde verbleibt bei Ludwig II.

Pfalzgraf Ludwig heiratete Marie, die Tochter des Herzogs Heinrich von Brabant. Marie von Brabant versuchte am Hof die vergangene große Zeit der höfischen Minne wieder zu beleben. Sie pflegte ihre Diener, auch ältere Ritter, zu duzen. Unter den Rittern zeichnete sich Rucho der Ottlinger durch Tapferkeit und Gewandtheit besonders aus. Mehrere Male spielte er mit der Herzogin Schach und bat sie, sie möge ihn gleich den anderen Rittern künftig auch mit dem „Du" ansprechen anstatt mit dem höfischen „Ihr". Sie zögerte und schwieg. Als Ludwig II. vor Augsburg im Felde war und Rucho der Ottlinger in seinem Gefolge, schrieb sie dem Ritter „er möge mit Fleiß dahin wirken, dass ihr Gemahl das Feld verlasse, dann wolle sie ihm auch die Bitte gewähren, um welche er sie so oft gebeten habe".

Gleichzeitig schrieb sie an ihren Gatten. Versehentlich wurden die Briefe vertauscht und Ludwig missdeutete die unklaren Worte, die ihn in eine blinde Eifersucht trieben. Wütend ritt er im Januar 1256 Tag und Nacht zur Burg Mangoldstein bei Donauwörth, wo sich Marie und ihre Schwester, die verwitwete Königin Elisabeth, aufhielten. Drei Pferde soll er dabei zu Tode geritten haben. Ludwig stürzte hasserfüllt ins Schloss, ermordete den Burgvogt und bezichtigte seine schuldlose Frau des Ehebruchs. Marie, von Entsetzen betäubt und schreckensbleich vor Schmerz, bat ihn, ihre Unschuld beweisen zu dürfen. Weder ihre Bitten noch die Fürsprache der Königin konnten ihn zur Besinnung bringen. Die Hofdame Helika von Brennberg, die von dem Verrat wüsste, ermordete er auf der Stelle in wilder Rohheit. Keine Wehklagen, kein Flehen halfen. Sein Jähzorn und seine Grausamkeit kannten keine Grenzen: Marie musste niederknien und wurde von einem Wächter im Schlossturm enthauptet. Die Oberhofmeisterin und eine Magd, die seiner Frau dienten, stürzte er vom Turm in den tiefen Burggraben. Noch in der Nacht des Grauens klärte sich das Missverständnis auf. Der an ihn gerichtete Brief traf ein und erschüttert sah er nun seine ungeheure Tat in erschreckender Wahrheit. Die Sage berichtet, dass der erst siebenundzwanzigjährige braun gelockte Herzog in dieser Nacht vor Schmerz ergraute.

Als Zeichen der Reue und Sühne stiftete er das Kloster Fürstenfeldbruck. Offenbar lässt sich diese Reue auch in Zusammenhang bringen mit dem Bau des Heidelberger Augustinerklosters im Jahre 1256, das am Universitätsplatz stand und dem 1268 erstmals erwähnten Franziskanerkloster, welches am Karlsplatz erbaut wurde. Ludwig, dem die Geschichte den Beinamen der „Strenge" gab, ließ sich in Fürstenfeldbruck beisetzen.

Ritter Ulrich Landschad

Ulrich Landschad von Neckarsteinach diente als Ritter am kurpfälzischen Hof zu Heidelberg. Noch heute ist in der Kirche zu Neckarsteinach sein Grabstein aus dem Jahre 1369 zu sehen. An ihn knüpft sich die Sage von der Entstehung des Namens Landschaden.

Der Vater des Ritters Ulrich soll ein herzensloser Raubritter und ein Schrecken der Gegend gewesen sein. Kaiser Rudolf ordnete an, dass „niemand eine Burg haben solle, es geschehe denn ohne des Landes Schaden". Der Bligger von Steinach war aber tatsächlich ein Landschaden, über den der Kaiser die Acht aussprach und ihn vor das kaiserliche Gericht rief. Doch der Raubritter blieb auf seiner unzugänglichen Burg Schadeck, die im Volksmund „Schwalbennest" genannt wird, da sie wie ein Nest an einem steilen Felsabhang zum Neckar hin klebt. Schließlich hatten ihn auch der Papst und alle seine Anhänger exkommuniziert. Als der Bligger hörte, wie am Tor ein päpstlicher Gesandter seine Exkommunikation verlas, hatte er nur seinen Kopf geschüttelt und darüber höhnisch gelacht. Als er am nächsten Morgen erwachte, fand er seine Burg verlassen vor. Seine Burgleute waren aus Angst, aus der Kirche ausgeschlossen zu werden, im Schutz der Nacht geflohen und mauerten zu ihrer Sicherheit das Burgtor zu. Erbittert rannte der noch stockbetrun-kene Bligger über den Hof, stolperte, und fiel mit dem Hinterkopf auf einen Stein. Er war sofort tot.

Sein Sohn Ulrich nahm das Kreuz, zog mit dem Kaiser in die Schlachten und erwarb sich dessen Gunst als edler Ritter. Im Heiligen Land kämpfte er, um seine Familie vom Kirchenbann zu befreien. Von dort soll er den Kopf eines Sultans mitgebracht haben, der noch heute sein Wappenschild ziert. Der Kaiser bestätigte feierlich mit dem Schwert seine Ritterwürde und verlieh ihm den Namen „Landschaden" für sein Geschlecht. Ein Ahne, Hans Bligger II. von Steinach, war ein Minnesänger, der auf der Hinterburg lebte. Von ihm finden sich in der berühmten Manessischen Liederhandschrift zwei Lieder mit dem dazugehörigen Bild und Wappen des Ritters. Das Bild zeigt ihn in rotem, blau gefütterten Gewand auf einer Bank sitzen, wie er seinem Schreiber Lieder diktiert.

Im Zwinger des Heidelberger Schlosses wurde als Wappentier ein Löwe gehalten. Eines Tages brach das wild gewordene Tier aus seinem Käfig aus und wurde für alle eine Gefahr. Der Kurfürst befahl dem Ritter Ulrich Landschad die Bestie einzufangen und wieder in den Käfig zu bringen. Ulrich sträubte sich; doch sein Gebieter kannte kein Erbarmen und bestand auf seinem Willen. Auch meinte er spöttisch, dass er jetzt beweisen könne, ob er tatsächlich ein unerschrockener und mutiger Ritter sei. Der Ritter nahm einen weißen Stab in seine rechte Hand und ging furchtlos auf den Löwen zu. Er schaute gebannt in die dunklen Augen des Raubtieres. Mit einem Satz sprang daraufhin der Löwe in seinen Käfig zurück. Der tapfere Ulrich, ob dieser gegängelten Behandlung erbittert, kündigte seinen Dienst im Schloss auf und zog sich auf seine Burg Schadeck zurück. Er soll nie wieder an den Hof nach Heidelberg gekommen sein.

Das Engelsrelief am Ruprechtsbau

Das älteste Schlossgebäude ist der schlichte Ruprechtsbau in der Südwestecke des Schlosses gelegen. Wie bei allen Burgbauten der Gotik sind die Mauern aus Bruchsteinen ausgeführt, danach verputzt und bemalt worden. Es war Kurfürst Ludwig V. (1508 - 1544), der diesen heutigen Bau auf das Fundament eines früheren, den König Ruprecht I. (1400 - 1410) errichtete, erbauen ließ. Der einzige plastische Schmuck sind zwei Steintafeln. Eine der beiden Tafeln, die Wappentafel, zeigt den einköpfigen Reichsadler in streng gotisch-heraldischem Stil, der in seinen Fängen die beiden Wappenschilde der Kurpfalz mit dem Löwen und von Bayern mit den weißblauen Rauten hält. Die rote Sandsteintafel erinnert mit dem Reichsadler an die Königswürde. Das Meisterwerk gotischer Plastik ist jedoch der Schlussstein mit dem Engelsrelief im Scheitelpunkt des spitzbogigen Eingangstores zum Gebäude. Zwei kleine geflügelte Engel halten einen Kranz mit fünf Rosen und einem geöffneten Zirkel. Offenbar empfahlen Bauherr und Baumeister symbolisch das Gebäude in einem Rosenkranzgebet, das zwei Engel überbringen, dem Schöpfer des Himmels und der Erde. Andere meinen, dass beim Bau des Hauses das rechte Maß und die rechte Zahl zur Grundlage genommen wurde, welches die Engel als Boten des Weltenbaumeisters zum Schutzschild gegen böse Mächte darstellen.

Schließlich sehen wieder andere im Engelsrelief lediglich das Sinnbild einer Bauhütte, dem der Baumeister des Ruprechtsbaues angehörte. Kunsthistoriker vermuten, dass der Frankfurter Steinmetz und Baumeister Madern Gerthener diese Kunstwerke erschaffen hat.

Auch die Sage hat sich des Stoffes von den Engeln am Ruprechtsbau bemächtigt:

Seine Zwillingsknaben waren die ganze Freude des Baumeisters. Oft hat er die beiden auf das hohe Gerüst mitgenommen und war über die kleinen schwindelfreien Knaben erfreut. Doch eines Tages machte einer der Zwillinge einen Fehltritt und riss seinen Bruder mit in die Tiefe. Beide waren auf der Stelle tot. Über diesen Vorfall wurde der Vater schwermütig und konnte seiner Arbeit nicht mehr nachkommen. Der Bau blieb

unausgeführt, weil der in der Trauer gefangene Baumeister täglich einen Kranz flocht und ihn mit fünf
weißen Rosen bestückte. Mit dem Rosenkranz ging er
täglich zum Grab seiner verstorbenen Zwillinge, die
auf dem Friedhof der Peterskirche ihre letzte Ruhe
fanden. König Ruprecht war über den schleppenden
Fortgang beim Bau böse geworden und ermahnte
den Baumeister durch den Priester, der seine Kinder
beerdigt hatte, das Bauwerk endlich zu vollenden. Im
Traum erschienen dem Vater seine Zwillinge als lichte
Engel, die ihm den Rosenkranz zurückbrachten, den er
jeden Morgen am Grab niederlegte. Als er am frühen
Morgen aufstand, war die Stube mit süßem Rosenduft
erfüllt und am Boden lag sein Kranz, den er am Vor-
tag am Grabe abgelegt hatte. Die weißen Rosen hatten
sich in rote Rosen der Liebe verwandelt; das Leben
hatte er wieder gewonnen. Er meißelte seine Knaben
als Engel, die einen Rosenkranz halten, in Stein und
setzte in die Mitte des Kranzes das Symbol seiner Bau-
kunst, den Zirkel. Mit der Vollendung des Baues nahm
er Abschied von seinem Beruf und diente im Kloster
zu Schönau als einfacher Mönch nur noch Gott.

Das Zisterzienserkloster Schönau wurde 1142 vom
Wormser Bischof Burchard II. gegründet. Schirmherr
von Schönau war zunächst Kaiser Barbarossa, spätestens
1184 ging die Schirmherrschaft auf seinen Stiefbruder

Pfalzgraf Konrad von Hohenstaufen über. Schönau wurde mit Schenkungen bedacht und war das Hauskloster der Pfalzgrafen. Er, 1195 gestorben, und seine Gattin Irmengard von Henneberg wurden im Kloster beigesetzt. Mit dem Einzug der Reformation unter Ottheinrich erhielt das Kloster 1558 einen kurfürstlichen Verwalter und der letzte Abt, Wolfgang Cartheyser, suchte außerhalb der Kurpfalz seine Zuflucht.

Kurfürst Friedrich III. (1515 - 1576) siedelte in den leer stehenden Klostergebäuden die wegen ihres Glaubens vertriebenen Wallonen an, die das Kloster als Steinbruch benutzten. Von der ehemaligen Klosteranlage sind nur noch der romanische Torbau, das Refektorium und das so genannte Hinkelhaus erhalten.

Der Rodensteiner und das Hoffräulein vom Schloss

Nach der Wahl des Kurfürsten Ruprecht III. (1352 - 1410) zum König im Jahre 1400, wurden auf dem Schloss viele Feste gefeiert. Er schrieb ein großes Ritterturnier aus und lud alle pfälzischen Ritter, aber auch die der benachbarten Fürsten ein.

Der stattliche Ritter Hans von Rodenstein, der tapfer und schön war, galt als rauflustiger und rauer Bursche. Im Waffenlärm und in vielen Fehden war der junge Ritter, dessen Eltern früh verstorben waren, herangewachsen; Jäger und Krieger waren seine Gefährten. Als ihm Herolde die Einladung überbrachten, machte er sich mit seinen Begleitern von seiner Burg Rodenstein im Odenwald auf; denn er wollte bei diesem Fest nicht fehlen. Im Schlosshof waren bereits die Vorbereitungen zum Turnier in vollem Gange. Jeder Teilnehmer hängte im Rittersaal seinen Schild auf und bekundete damit seine Teilnahme. Die hohen Gäste und die bezaubernd schönen Edelfräuleins hatten auf den Tribünen und den Balkonen ihren Platz eingenommen, als König Ruprecht mit seiner Gemahlin das Turnier eröffnete und die Ritter zum ehrlichen und kameradschaftlichen Kräftemessen ermahnte. Alle Augen waren auf Hans von Rodenstein gerichtet. Mutig und tapfer hob er mit

*seiner Lanze alle Gegner aus den Sätteln und gewann
das Turnier.*

*Unter den Hofdamen der Königin war keine so bild-
hübsch wie Maria von Hochberg. Sie zog alle Blicke
auf sich und manch ein Teilnehmer hoffte, aus ihren
zarten Händen den Ritterdank, einen kunstvoll gear-
beiteten Helm, zu empfangen. Als die Trompeter und
Pauker den Sieger verkündeten und Hans von Rodenstein die reizend schöne Maria ansah, war die Liebe
in ihm erweckt. Sein Herz war entflammt; er hielt
um ihre Hand an und führte sie als Braut heim auf
Schloss Rodenstein. Die Minne, wie es damals hieß,
hatte gesiegt und er war wie umgewandelt; sein alter
wilder Geist schien von ihm gewichen. Doch schon
bald erwachten wieder seine Jagdleidenschaft und seine Kampfeslust. Abends saß seine junge Frau oft allein
in ihrer Kemenate, während aus den Gewölben seiner
Burg wilder Jubel der Zecher in ihr Gemach herauf-
drang. Weil sein ungeliebter Nachbar auf Burg Schnellert ihn angeblich beleidigt habe, schwor er Rache. Alle
Tränen und Bitten der sanften Marie waren umsonst,
den nächtlichen Überfall zu unterlassen und sein
Leben aufs Spiel zu setzen. Am Tor warf sich Marie,
die hochschwanger war, vor seine Füße und bat ihn
um des Kindes willen den Frieden zu wahren. Als sie
ihn umarmen wollte, stieß er sie zornig von sich, dass*

sie ohnmächtig zu Boden fiel. Sie gebar noch in der Nacht einen toten Sohn und verstarb. Um Mitternacht erreichte er mit seinen rohen Gesellen die Schnellerts-burg. Im Dickicht lauerte er auf seinen Feind. Da sah er im Dunkeln eine bleiche Gestalt mit einem Knaben auf dem Arm auf ihn zukommen. Ein Schauer über-kam ihn, als er die liebliche Stimme seiner Frau hörte: „Meine Liebe hast du mit Wut begegnet. Getötet hast du das Kind und mich; jetzt straft der große Richter dich. Nach deinem Tod sollst du keine Ruhe finden; dein Geist soll dem Volke Krieg und Unheil künden." Im morgendlichen Gefecht fiel Hans von Rodenstein. Er wurde in geweihter Erde auf Burg Schnellert begraben, aber die Weissagung seiner Frau ging in Erfüllung. Bis auf den heutigen Tag steige er der Sage nach aus seinem Grab in der Burg, wenn Unheil und Kriege sich ankündigten. Ein fürchterliches Lärmen und Geheul entstehe, wenn er mit seinem Hufe don-nernden Tross auf einem Feuer schnaubenden schwar-zen Ross, verfolgt von bellenden Höllenhunden, auf wilder Jagd dahinfliege und Unheil ankündige.

In Heidelberg erinnerte der Name eines Gasthauses an den wilden Rodensteiner und Josef Victor von Scheffel (1826 - 1886) dichtete vom nahenden Unheil, ein Jahr vor der badischen Revolution (1848), beim Wein:

Es regt sich was im Odenwald,
der Rodenstein, der Rodenstein zieht um.
Vom Rhein her streicht ein scharfer Luft,
der treibt den Alten aus der Gruft.
Ein rostig Stahlwams ist sein Kleid',
ein rostig Schlachtschwert an der Seit'.
Der Schmied von Kainsbach steht am Herd,
mein Schmied, putz' blank mein langes Schwert!
Jedweder tu', was seine Pflicht,
dem Wind vom Rhein, dem trau' ich nicht,
ein römisch Reich, das gibt's nicht mehr,
doch reit' ich noch zu seiner Ehr!
Ich reit' und reit' und such' einen Mann,
der meinen Flamberg* schwingen kann.

(*schweres Schwert)

Ein berühmtes Ritterturnier fand 1482 auf dem Schloss statt. Philipp Pfalzgraf bei Rhein (1438 - 1508) und die adelige Rittergesellschaft des Kraichgaues, die sich „Gesellschaft des Esels" nannte, lud hierzu ein. Zur löblichen Gesellschaft zählte damals auch ein Hans von Rotensteyn. Das Siegeszeichen bestand in einem „Kränzlein, zuweilen mit einem angehängten Kleinod oder Häftlein".

Der Hexenbiss am Anklopfer

Wer von der Gartenseite her das Schloss betritt, geht durch das Torhaus des Brückenwärters über eine steinerne Brücke zum Torturm. Die steinerne Brücke überspannt den tiefen Schlossgraben; sie wurde nachträglich für die Touristen erbaut. Früher war hier eine hölzerne Zugbrücke. Sie wurde bei Gefahr hochgezogen. Außerdem konnte im Torturm ein Fallgitter herabgelassen werden. Ein schweres großes Holztor, in dem eine kleine Türe, das „Nadelöhr", eingeschnitten ist, verschließt den Zugang zum Schlosshof. Durch dieses Pförtchen konnten abends einzelne Höflinge noch Einlass finden, nachdem das Tor bereits geschlossen worden war. Um die Torwächter herbeizurufen, schlugen die um Einlass Begehrenden mit dem dicken Klopfring an die Türe.

Die Sage berichtet, dass jene Person, die den Ring durchbeißt, nicht nur das Schloss, sondern auch alle dort aufbewahrten Schätze und Herrlichkeiten erhält. Eines Tages kam eine Hexe auf das Schloss und versuchte den Ring zu durchbeißen. Sie setzte mehrmals mit ihren scharfen Zähnen am Ring an. Mit einem Male erklang ein kratzender, metallener Ton und die um sie herumstehenden Höflinge glaubten schon, sie habe es geschafft. Doch von ihrem Biss blieb lediglich eine Scharte im Ring, die heute noch zu bestaunen ist. Dieses sichtbare Zeichen am Eisenring hat zur Bezeichnung „Hexenbiss" geführt.

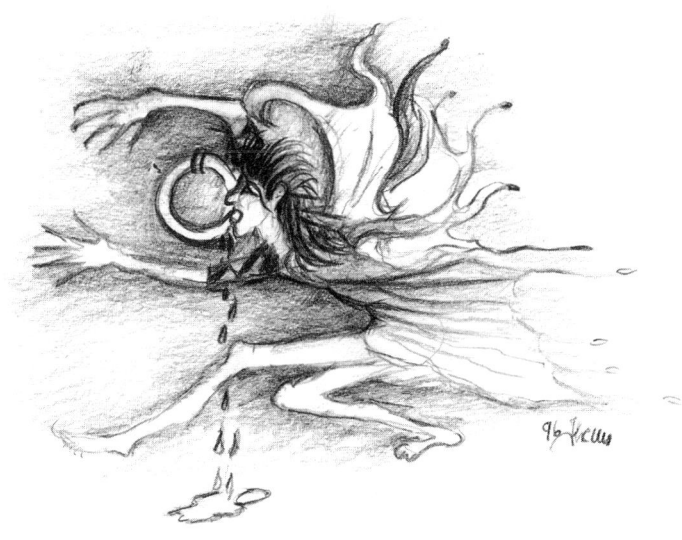

Eine andere Version berichtet von einer jungen Hexe, die in der Walpurgisnacht aus Wut und Enttäuschung in den Ring biss, bis ihr Zahnfleisch blutete. In jener Nacht zum 1. Mai versammelten sich im Odenwald die Hexen zum wilden Tanz mit den Irrlichtern an einem geheimnisvollen Ort. Kurz vor Mitternacht flog eine Hexe auf ihrem Reisigbesen ihrem Ziel zu. Plötzlich verlor sie über dem Schlosshof ihren sausenden Besen und landete unsanft im Schlossgarten auf einem hohen Baum. Wütend rannte sie zum Schlosshof,

53

wo sie ihren Zauberbesen vermutete. Doch das Tor zum Schlosshof war längst geschlossen. Am Nadelöhr schlug sie den dicken Anklopfer so stark an die Pforte, dass die Schlosswache darüber erschrak und nicht daran dachte, das Pförtchen zu öffnen. Aus Wut biss sie in den Ring, um in den Besitz des Schlosses zu kommen. Die Spur ihres starken Bisses kann man heute noch am Ring bestaunen. In der Ecke des Brückenhauses stand ein alter zahnloser Rechen. Auf ihm ritt sie den anderen Hexen nach, um zur Geisterstunde am Hexentanz noch teilzunehmen.

Friedrich des Siegreichen Kaplan und Chronist, Matthias von Kemnat (um 1430 - 1476), schreibt zu den Heidelberger Hexengerichten: Die größte Verirrung ist die teuflische Gesellschaft der Gazarer, also der Unholden und Hexen, welche nachts auf Besen, Ofengabeln, Katzen, Böcken und auf anderen brauchbaren Dingen fahren oder reiten. „Die hab ich vil sehen verbrennen zu Heidelberg und auch in andern enden".

Das sei, so Kemnat, die verfluchteste Gesellschaft, die ohne Erbarmen mit viel Feuer zu verbrennen sei. Ein Schüler des Ketzermeisters habe bekannt, dass die Aufnahme in die Satansgesellschaft in der Weise erfolge, indem „der tewffel oder meister den verfurten das Blut aus den adern zieh, domit schreibt er uff ein pergament und

54

behelt die schrift bei ihme." Diese Beschreibung erinnert an Goethes Faust, wo Faust mit Mephisto den Pakt in Gestalt einer Wette schließt und sie mit Blut bestätigt: „Ist doch ein jedes Blättchen gut. Du unterzeichnest dich mit einem Tröpfchen Blut", sagt hier Mephisto zu Faust. Nach Kemnat war der Versammlungsort der Heidelberger Hexen die „Angelgrub und Kurnaw", Hexentreffpunkte und Orte, welche bis heute unbekannt blieben - eben verhexte Sammlungsorte! Nach Karl Christ lag die Angelgrube, eine Bergwaldwiese, im Schriesheimer Tal beim Hesselbrunnen im so genannten Fahnenwald.

Der Zauberschütze Punker von Rohrbach

In dem merkwürdigen Buch „Malleus maleficarum" aus dem Jahre 1487, einer Anleitung für geistliche und weltliche Gerichte zur Überführung von Zauberern und Hexen, wird die Sage vom Zauberschützen Punker aus Rohrbach mitgeteilt. Danach soll der Punker aus Rohrbach einen Bund mit dem Teufel geschlossen haben, als er an einem Karfreitag, gerade in dem Augenblick, da man in der Kirche die Messe zelebrierte, mit drei Pfeilen auf ein Kruzifix schoss. Der Teufel garantierte ihm dafür lebenslang die Fertigkeit, mit seiner Armbrust täglich drei Schüsse ins gewünschte Ziel zu lenken. Zauberei, Hexerei und Ketzertum zählen seit dem 12. Jahrhundert zu jenen Verbrechen, die mit dem Verbrennen auf dem Scheiterhaufen geahndet wurden. Sowohl der Sachsen- als auch der Schwabenspiegel, die die ältesten deutschen Rechtssätze in anschaulicher Darstellung in Wort und Bild wiedergeben, kennen als Übeltäter weder Hexen noch Zauberer, die im Bannkreis des Teufels stehen. Das mittelalterliche Buch, auch als Hexenhammer bezeichnet, berichtet die Sage wie folgt:

Die Pfalzgrafen erhielten schon früh von Kaiser und Königen Ländereien als Lehen, die in Urkunden verbrieft wurden. Ein Lehen, das in der Nähe der Burg Lindelbrunn, der ehemaligen Reichsfeste Lindelbol, lag, wurde immer wieder von den Raubrittern bedroht und ausgeraubt. Das ließ sich Ludwig der Bärtige, der von 1410 bis 1436 Kurfürst war, nicht länger gefallen. Kurzerhand zog er mit seinem Heer zur Burg Lindelbrunn, um das Raubrittergesindel zu vertreiben. In seiner Heerfahrt war auch der zielsichere Armbrustschütze Punker aus Rohrbach. Bei der Belagerung der Burg soll er die gesamte gegnerische Mannschaft weggeschossen haben, obwohl das Schießen mit der Armbrust auf Christen im Jahre 1139 auf der zweiten lateranischen Synode verboten worden war. Immer, wenn ein Raubritter sich wagte, aus der Burg zu sehen, traf ihn Punkers Pfeil. Nach der Erstürmung der Burg nahm er als Zeichen seines Triumphes den Pfortenring der Burg mit, den er am Eingang seines Hauses zu Rohrbach anbrachte und welcher von den Anwohnern noch lange gesehen wurde.

Heimlich sprach es sich herum, dass der Punker mit dem Teufel im Bunde stehe. Selbst der Kurfürst fürchtete seine Schießkunst und versuchte, ihn durch ein Gericht der Zauberei zu überführen. Als man zu Rohrbach ein Fest feierte, stellte ein Ritter im Beisein des Kurfürsten dem gefürchteten kurpfälzischen Schützen die Aufgabe, seine Treffsicherheit mit seiner Armbrust zu beweisen. Er legte einen Pfennig auf das Barett seines Sohnes und forderte ihn auf, die Münze vom Kopf seines Kindes zu schießen, ohne die Kopfbedeckung durch den Pfeil wegzureißen. Punker bezeichnete diese Mutprobe als sehr riskant und schwierig, weil er fürchtete, der Teufel könnte seine ruhige Hand erzittern lassen. Auch der Kurfürst drängte ihn zum Schuss. Er legte einen Pfeil auf die Armbrust, einen zweiten steckte er in den Koller an seiner Jacke. Der Schuss traf zielgenau die Münze auf dem Kopf des Knaben. Die Hofgesellschaft war erstaunt und gratulierte dem

Schützen. Auf die Frage eines Vasallen, warum er einen zweiten Pfeil bereithielt, antwortete er unverhohlen: „Wenn ich, vom Teufel getäuscht, meinen Sohn getötet hätte, so würde ich, da ich ja doch dem Tod verfallen gewesen wäre, sofort mit dem zweiten Pfeile euch durchbohrt haben, um wenigstens so meinen Tod zu rächen."

Es wird berichtet, dass der Punker von einigen Rohrbacher Bauern, die der Hexenmeister bedrängte, erschlagen wurde. Eine Sühne dieser Tat durch ein weltliches Gericht erfolgte nicht, war doch der Kurfürst als frommer Christ bekannt, der Ketzer und Menschen, die mit dem Teufel im Bund standen, verfolgte. Als Führer des Reichsschwertes begleitete der Kurfürst Kaiser Sigismund zum Konstanzer Konzil, wo er über den Prager Reformator Johannes Huß den Stab brach.

Diese Sage vom Punker aus Rohrbach erinnert an Schillers Drama „Wilhelm Tell", in welcher der Vater vom Kopf seines Sohnes einen Apfel schießen musste. Goethe soll Schiller auf diese Erzählung aufmerksam gemacht haben, die Ägidius Tschudi in seiner Helvetischen Chronik beschreibt und von dem Luzerner Gerichtsschreiber Petermann Etterlin erstmals im Druck erschien. Sie erinnert auch an die Oper „Der Freischütz" von Carl Maria von Weber, der sich während seines Aufenthaltes in Heidelberg mit der Komposition befasste. Das Libretto ist dem 1810 erschienenen Gespensterbuch von Johann August Apel und Friedrich Laun entnommen, wo Kaspar in der Wolfsschlucht bei Zwingenberg am Neckar im Bund mit dem Teufel angeblich die Freikugeln goss. Offenbar hat die „kurpfälzische Tellsage" hier Pate gestanden.

Historisch bleibt anzumerken, dass die Burg Lindelbrunn um 1450 von den Grafen von Leiningen, kurpfälzischen Lehensmännern, in einer Fehde erobert wurde; im Bauernkrieg wurde die Burg im Jahre 1525 abgebrannt und ist seit dieser Zeit eine Ruine, die bei Oberschlettenbach in der Pfalz liegt.

Die Säulen der Brunnenhalle im Schlosshof

Gegenüber dem Ruprechtsbau liegt die luftige Brunnenhalle aus dem 16. Jahrhundert, die an den Soldatenbau mit der Wachstube anstößt. Vier freistehende und zwei an die Wand gelehnte Halbsäulen tragen die gotischen Spitzbögen, zwischen denen sich die Rippen eines weiten Kreuzgewölbes spannen. In der Mitte des Raumes befindet sich der 16 Meter tiefe Ziehbrunnen. Der in Ingelheim gebürtige Humanist Sebastian Münster (1488 - 1552), der 1524 bis 1529 an der Universität als Hebraist wirkte, vor allem aber mit seiner Kosmographie europaweit bekannt wurde, berichtet, dass er die Säulen der Brunnenhalle in seiner Jugend am ehemaligen Palast Karls des Großen zu Ingelheim gesehen hätte. Kurfürst Philipp habe die Säulen zum Bau der Brunnenhalle auf das Schloss bringen lassen. Die Säulen, die Karl der Große einem antiken Bauwerke entnommen habe und für seine Pfalz in Ingelheim verwenden ließ, seien römischen Ursprungs. Nach Untersuchungen des Heidelberger Professors von Leonhard weisen sie keine Spur zur Kaiserpfalz zu Ingelheim auf. Die Syenitsäulen stammen von Auerbach an der Bergstraße; „der Syenit ist der nämliche, aus welchem die bekannte Riesensäule gearbeitet worden", schreibt er 1856 in seinen Lebenserinnerungen.

Folgendes wird von der Brunnenhalle erzählt:

Beim Brunnen trafen sich das Hofgesinde, die Mädchen und Burschen, aber auch die Hofleute. Geschichten, Tagesbegebenheiten, aber auch Sagen wurden hier erzählt. So sollen in einem geheimnisvollen Keller des Schlosses reiche Schätze liegen, auf einem Tisch goldene und silberne Gefäße stehen. Beim Spielen verirrte sich ein Knabe eines Hofbeamten und fand dieses geheime Gewölbe. Als er seinen Freunden von diesem wundersamen Keller erzählte, wollten sie den geheimen Raum aufsuchen. Doch das verzauberte Gewölbe war nicht mehr aufzufinden.

Die Sage vom meuchelmörderischen Anschlag auf Friedrich I.

Kurfürst Ludwig IV. (1424 - 1449) war ein leutseliger und Frieden stiftender Fürst. Er vertrieb die Armagnaken, die gegen die Eidgenossen kämpften und im Elsaß, besonders schlimm in Straßburg, ihr Schindluder trieben. Ludwig war ein kranker Fürst, der daher seine Regierungsgeschäfte mit seinem Bruder Friedrich I. (1425 - 1476) teilte. Weil sein forscher Bruder wenig Wert auf den Rat der Kirche legte und auch den Reizen der schönen Augsburgerin Clara Dettin erlag, sinnte seine eifersüchtige Verlobte, Eleonore, auf Rache. Auch die Grafen von Lützelstein, die ins Elsaß einfielen, wo Friedrich Landvogt war, schworen ihm Fehde. Ein Femgericht forderte ihn dreimal auf, sich zu stellen. Da Friedrich den selbsternannten Richtern drohte, beschlossen sie mit seinen Feinden, ihn zu erdolchen. Weil Ludwig für ein solches Bubenstück nicht zu gewinnen war, heckten sie einen teuflischen Plan aus. Während einer stürmischen Nacht schlich Eleonore mit einem gehörnten Monstrum ans Bett von Ludwig, um ihn aus dem Schlaf zu reißen. Der Kurfürst erschrak furchtbar. Als er sich nach diesem Schock erholt hatte, standen zwei geharnischte Ritter an seinem Bett. Sie forderten ihn auf, mitzugehen, um das gottgefällige Werk an seinem Gottes lästernden Bruder zu vollziehen. Friedrich hatte jedoch zwei aufmerksame Hofjunker, die in seinem Vorzimmer Wache hielten. Als der Junker Gemmingen die Wache übernahm, stürzte sich ein Hörner tragendes Monstrum in das Zimmer und zückte den Dolch. Gemmingen erkannte sofort des Pudels Kern und rannte dem verkleideten Teufel sein Schwert durch den Leib. Friedrich, vom Lärm im Vorzimmer geweckt, sah zu seinem Erstaunen wie der Beichtvater des Kurfürsten röchelnd sein Leben aushauchte. Im gleichen Augenblick erschien Ludwig mit den beiden Rittern, die, als sie das Geschehen sahen, in die Dunkelheit flüchteten. Auch Friedrichs Verlobte Eleonore war von Stund an spurlos verschwunden. Dem geretteten Bruder überschrieb der kranke Ludwig im Falle seines Todes die Vormundschaft für seinen Sohn Philipp, der bei seinem frühen Hinscheiden erst ein Jahr alt war.

Friedrich I., auch Friedrich der Siegreiche genannt, heiratete 1471 die „Hofjungfer" Clara Dettin, deren adelige Abkunft bestritten ist. Sie gebar ihm zwei Söhne. Der ältere, der sich dem geistlichen Stand widmen sollte, starb als Jüngling. Der jüngere, Ludwig, erhielt nach dem Tode seines Vaters von seinem Vetter Kurfürst Philipp die Grafschaft Löwenstein zugeteilt. Seit 1488 nannte er sich Graf zu Löwenstein und wird zum Stammvater des fürstlich Löwensteinschen Hauses.

Die Warnung eines alten Waldweibchens

Kurfürst Friedrich I. (1425 - 1476) war wie viele seiner Ahnen ein leidenschaftlicher Jäger, der auch im nahen Wald beim Schloss jagte. Als er mit seinem Pferd die Spur eines Hirsches verfolgte, stand er plötzlich am Rande einer steilen Bergklippe, die senkrecht ins Neckartal hinab fiel. Nur noch einen Schritt seines Pferdes und der Kurfürst wäre unrettbar abgestürzt. Ein altes Waldweibchen, das nicht weit von der Bergklippe Holz las und das waghalsige Jagen verfolgte, fing heftig laut zu schimpfen an: „Hast du keinen andern Weg finden können? Hat dich der Teufel hierher geführt?" Friedrich hörte ruhig zu und war erstaunt über diesen derben Verweis. Er fragte sie, ob sie auch wisse, mit wem sie so grob schelte. Die Alte antwortete: „Gerade weil ich dich kenne, schelte ich um so mehr; denn du hast als Fürst Verantwortung für deine Untertanen. Feinde bedrohen dein Land und wollen dich stürzen. Wer geriete bei deinem Tod in größere Not als wir? Wenn du dich nicht schonen willst, so solltest du doch wenigstens auf uns mehr Rücksicht nehmen!" Der Kurfürst lachte herzlich über diese Warnung und reichte der Alten einen Gulden. Danach zeigte sie ihm einen sicheren Weg, auf dem er gefahrlos zum Schloss komme. Zurück im Schloss, erzählte er seinen Hofleuten seine abenteuerliche Geschichte von seiner Jagd nach dem Hirsch. Sie meinten, der Kurfürst sei jenem Waldgeist begegnet, der sich jedes Mal als altes Waldweib zeige, wenn Krieg und Unheil über das Land hereinfielen.

Friedrich I. mit dem Beinamen „der Siegreiche" übernahm ab 1449 für seinen minderjährigen Neffen Philipp die Regierung und die Kurstimme der Pfalz. Zwar erlangte Friedrich für die Arrogation keine kaiserliche Bestätigung, dafür konnte er sich auf den pfälzischen Adel verlassen, der mit ihm gegen die Feinde der Kurpfalz zog. Diese Sage ist ein Hinweis auf die berühmte Schlacht bei Seckenheim im Jahre 1462.

Das Mahl zu Heidelberg

Pfalzgraf Friedrich (1425 - 1476) übernahm 1449 nach dem frühen Tod seines Bruders die Vormundschaft für den einjährigen Kurprinzen Philipp. Er adoptierte seinen Neffen und verpflichtete sich, nicht zu heiraten. 1452 ließ er sich als Kurfürst huldigen. Diese Arrogation wurde vom feindlich gesinnten Kaiser nie anerkannt, obwohl die Mutter des Kurprinzen, Margarete, und die anderen Kurfürsten dieser Vereinbarung zustimmten. Von gebietshungrigen Fürsten, Fürstbischöfen und Rittern umgeben, musste Friedrich I. mehrere Fehden und Kriege führen, um sein Land zu befrieden. Die ausgehandelten Friedensabmachungen hielten aber nie lange an. Als Friedrich dem Mainzer Erzbischof Dieter von Isenburg beistand, geriet er in den päpstlichen Bann.

Im Sommer sahen Friedrichs Gegner den Zeitpunkt gekommen, den „bösen Fritz" zu stürzen. Markgraf Karl von Baden, Schwager des Kaisers, Graf Ulrich von Württemberg, der inzwischen Friedrichs Schwägerin Margarete geheiratet hatte, und der Bischof von Metz, ein Bruder des Markgrafen, verbündeten sich und fielen plündernd und sengend in das Oberamt Heidelberg ein. In einem Lied aus dieser Zeit heißt es: „Markgraf Karle het ein böses Vornemen, Win und Frucht umb Heidelberg wollt er flemmen." Bei St. Leon

schlugen sie ihr Feldlager auf und der Bischof von
Speyer schloss sich ihnen noch an. Er bestärkte sie in
der Meinung, Friedrich, der selbsternannte Kurfürst,
unterstütze seinen Vetter in Bayern in Kriegshän-
deln gegen den „Brandenburgischen Fuchs", Markgraf
Albrecht Achill. Doch Friedrich, der die Gefahr recht-
zeitig erkannt hatte, konnte unbemerkt achthundert
Reiter und zweitausend Mann Fußvolk zusammen-
stellen. Als am 30. Juni 1462 seine Feinde gegen die
Neckarmündung in Richtung Seckenheim zogen und
die Dörfer am Neckar niederbrannten, schnitt er ihnen
den Rückzug ab. Friedrich verlor im Kampf sein Pferd,
doch der Sieg zeichnete sich ab, nachdem in letzter
Stunde Graf Johann Philipp von Katzenellenbogen und
Erzbischof Dieter von Mainz als Verstärkung eintrafen.
In der Schlacht wurden die Anführer mit vierhundert
Reitern gefangen genommen und im Triumph nach
Heidelberg geführt. Nur der Speyerer Bischof konnte sich retten und fliehen. In einem Dankgottesdienst
wurde der siegreiche Tag gefeiert und die erbeuteten
Fahnen im Chor der Heiliggeistkirche aufgehängt. Den
Markgrafen von Baden, Graf Ulrich von Württemberg
und den Bischof von Metz soll der Kurfürst im Schloss
zum Feiermahl eingeladen haben, wo er sie an einer
Tafel fürstlich bewirtete; nur das Brot fehlte. Das Brot
diente damals zum Auftunken der Soßen. Graf Ulrich
von Württemberg fragte daher:

„Herr, fürstlich ist dein Bissen;
doch eines tut ihm Not,
das mag kein Knecht vermissen:
Wo ließest du das Brot?" –
„Wo ich das Brot gelassen?"
Sprach da der Pfälzer Fritz;
er traf, die bei ihm saßen,
mit seiner Augen Blitz;
er tat die Fensterpforten
weit auf im hohen Saal:
da sah man aller Orten
ins offne Neckartal. –
Sie sprangen von den Stühlen
und blickten in das Land:
Da rauchten alle Mühlen
rings von des Krieges Brand.
Kein Hof ist da zu schauen,
wo nicht die Scheune dampft;
von Rosses Huf' und Klauen
ist alles Feld zerstampft. –
„Nun sprecht, von wessen Schulden
ist so mein Mahl bestellt?
Ihr müßt euch wohl gedulden,
bis ihr besät mein Feld,
bis in des Sommers Schwüle
mir reifet eure Saat
und bis mir in der Mühle
sich wieder dreht ein Rad."

Es war Gustav Schwab (1792 - 1850), der die Sage vom „Mahl zu Heidelberg" in seinem bekannten Gedicht verbreitete. Aber auch Emil Otto dichtete 1861 und trug zur Verbreitung des Heidelberger Mahls bei:

> *„Er (Friedrich) gab sogar einmal ein Fest*
> *Und lud dazu die besten Gäst'.*
> *Von ihrer Hand die Fesseln fallen,*
> *Es öffnen sich die engen Hallen;*
> *Der Kurfürst schweigend geht voran,*
> *Er führt sie auf den Schloßaltan.*
> *Sie sehn den blauen Himmel wieder,*
> *Sie blicken auf die Landschaft nieder,*
> *Sie schauen bis zum Rheine hin*
> *Und merken nicht des Fürsten Sinn."*

Friedrich fragt seine Gäste: „Habt ihr Euch nun recht umgesehn?" – dann mögen sie zur Tafel gehen. Doch „die Fürsten blicken um sich her, als ob noch was vergessen wär'." Das Brot fehlte und Friedrich antwortet ihnen, dass doch sie nicht nur die Ernte zerstört, sondern auch die Mühlen im ganzen Land abgebrannt hätten. „Die Fürsten senkten ihren Blick; sie dachten an ihr Werk zurück."

Historisch ist allerdings belegt, dass Friedrich seine Gegner in strenge Haft nahm und dass er sie während der

Friedensverhandlungen in den „Stock geschlossen" vorführen ließ. Im April 1463 ließ er sie gegen hohe Lösegelder und Gebietsabtretungen wieder frei.

Auf dem Schlachtfeld errichtete Friedrich zum Gedächtnis an dieses Geschehen ein steinernes Friedenskreuz mit folgender Inschrift:

„Als man zalte nach Gottes Geburte MCCCCLXII jar uff sant Paulus Gedechtnuß Tag sint uff dieser Wallstatt durch Herzog Friederich Pfalzgrave by Ryne etc. und Kurfürsten nyder geworffen worden Herr Jörg Bischoff zu Metz, Markgrave Karle von Baden und

Grave Ulrich von Wirtemberg mit eyner merglichen
Zale Ir Diener, Grafen, Ritter und Knecht; und dersel-
ben die in solichem Gescheffte tod bliben sind wolle
Gott barmherzig sin und uff denselben Tag sint viel zu
Ritter geschlagen."

Carl-Theodor ließ das alte Kreuz für die Nachwelt in
die Altertumssammlung ins Schloss bringen. Es wurde
eine Kopie angefertigt, die man wieder auf dem Sockel
des Denkmals errichtete. Das alte Kreuz wurde durch
die Bomben des letzten Weltkrieges zerstört, während
das zweite Kreuz bereits 1823 „durch rohen Unverstand"
zusammengeschlagen wurde. Der große Historiker der
Kurpfalz, Ludwig Häusser, nahm an, dass es der „Augen-
dienerei" zum Opfer gefallen ist, nachdem die Kurpfalz
1803 badisch geworden war. Georg Weber schreibt in
seinen Erinnerungen: „Man hielt es in Karlsruhe für un-
angemessen, daß eine Begebenheit, die für den Markgrafen von Baden so unrühmlich gewesen war, im Gedächtnis der Nachgeborenen erhalten werde und entfernte das
Denkmal." Heute heißt der Ort, wo Friedrich I. mit seinem Sieg die Kurpfalz zu einem erstarkten Fürstentum
im Reich machte, Friedrichsfeld.

Die Liebesaffäre Friedrich II.

Pfalzgraf Friedrich II. (1482 - 1556) war dem 18 Jahre jüngeren Erzherzog Karl von den Niederlanden, späterer Kaiser Karl V. (1500 - 1558), nicht sehr gewogen. Der Pfalzgraf gehörte zu den adligen Freunden des jungen Karl, weil er ein geschätzter Freund des früh verstorbenen Königs Philipp war. Die ältere Schwester Karls, Leonore, war eine heimliche Verehrerin des jungen Pfalzgrafen und erfreute sich „an seiner schönen Gestalt, seinem krausen gelben Haar, seiner breiten Brust und seinem tapferen Ansehen". Friedrich war nicht nur ein mutiger und unerschrockener junger Fürst, er war auch ein leidenschaftlicher Musikliebhaber. Er behauptete, dass Musik den Menschen bilde, während seine Gegenspieler gerade das Gegenteil ins Feld führten: die Musik verweichliche und sei nur für Träumende. Es kam zu einem Streit, der ritterlich durch einen Schwertkampf beim nächsten Turnier ausgetragen wurde. Gegner des jungen Pfalzgrafen war der Edle von Moncada, späterer Vizekönig von Neapel. Friedrich hieb dem Musikverächter mit seinem Schwert am Ärmel die Rüstung ab. Der Neapolitaner beschwerte sich bei den Turnierrichtern, die ihn aber abwiesen. Den nächsten Schwertschlag erhielt er von Friedrich auf den Helm, so dass ihm dunkel vor den Augen wurde und er dabei zurücktau-

melte. *Der Edle von Moncada gab sich geschlagen; er legte seine Rüstung mit groben Flüchen auf Friedrich ab. Leonore war von Friedrichs Kampf begeistert und konnte ihre Zuneigung zum jungen Pfalzgrafen nicht verbergen. Auch Friedrich verehrte das edle Fräulein und tat alles, um ihr zu gefallen. Er tanzte mit ihr und ging mit ihr spazieren. Seine Diener überbrachten heimlich Briefe und Blumen. Bald sprach man am Hof hinter vorgehaltener Hand von ihrer Liebschaft. Auch Leonores Schwester, Königin in Dänemark, ermunterte sie und wünschte ihr Glück in der Liebe. Friedrich hörte auf, seine Liebe zu verheimlichen. Doch da war noch der beleidigte Edle von Moncada.*

Im Jahre 1515 wurde der junge Erzherzog Karl von den Niederlanden zum spanischen König erhoben. Während der Erzherzog in Spanien zu weilen gedachte, sollte ihn Pfalzgraf Friedrich in den Niederlanden vertreten. Zuvor sollte er sich aber nochmals in einem Turnier mit dem vermeintlich starken Ritter von Glajon messen. Friedrichs Freunde warnten ihn vor diesem abgekarteten Spiel von Moncada. Es kam zum Turnierstechen mit der Lanze, der so genannten Plansone. Die Posaunen riefen zum Duell. Obwohl der Ritter sich zur Seite drehte, um Friedrichs Lanze auszuweichen, traf er ihn so stark, dass Ross und Reiter stürzten. Der Ritter von Glajon klagte nach dem Sturz über starke Schmerzen;

75

tödlich verletzt verstarb er nach wenigen Tagen. Seit langem hatte sich der Edle von Moncada beim Erzherzog Karl als Berater hervorgetan. Er schlug ihm vor, aus dynastischen Gründen seine liebreizende Schwester mit dem betagten König von Portugal zu vermählen. Der edle Herr von Moncada bestach die Kammerjungfer der Fürstin, die einen Brief von Friedrich abfing. In seinem Schreiben sorgt er sich, dass seine Geliebte die Frau des portugiesischen Königs werden soll. Mit diesem Brief überzeugte Moncada den Erzherzog Karl, dass Friedrich eine heimliche Flucht mit Eleonore vorbereite. Der Erzherzog enthob Friedrich seiner Dienste und ließ ihm ausrichten, dass es ihm nicht anstehe, um die Hand einer Fürstin anzuhalten, die nur für einen König bestimmt sei. Der Pfalzgraf verließ den niederländischen Hof und kehrte nach Heidelberg zurück. Leonore wurde aus Staatsräson mit dem hässlichen König von Portugal vermählt. Er war „höckerig, mit krummen Beinen, fast einem Monstrum gleich".

Als die Türken vor Wien standen, nahm Kaiser Karl V. dankend die Hilfe seines früheren Freundes als Reichsfeldherr an. Friedrich II. half, die Truppen des Sultan Suleiman II. zu besiegen. Er ist der erste unter den pfälzischen Kurfürsten, der reformatorische Zugeständnisse machte. Hierzu trug die Gesinnung seiner Frau Dorothea von Dänemark bei.

76

Vom Zutrinken und Zechen

Das Zutrinken war sehr früh, besonders im 15. und 16. Jahrhundert, nicht allein in der adeligen Gesellschaft eine Unsitte der großen Herren, es war in ganz Deutschland üblich und man könnte eine Liste der regierenden Fürsten aufstellen, die diesem bacchanalischen Brauch huldigten. Noch heute sagen wir „auf Ihr Wohl" oder „wohl bekomms" und wir bringen ein Prosit auf den Jubilar oder den Erfolg aus. Das Prosit ist ursprünglich ein lateinischer Studentenspruch und heißt „es möge nützen".

Im Jahre 1524 lud Ludwig V. (1478 - 1544) zu einem Armbrustschießen nach Heidelberg ein. Dieses neu aufgekommene Vergnügen der Fürsten, Grafen und Ritter verdrängte allmählich die Turniere und die Schwertkämpfe. Vor dem Speyerer Tor wurden Zelte aufgestellt, Tribünen für die Herrschaften erbaut und Preise für die besten Schützen ausgelobt. Auf diesem großen Schießen von 1524 wurde erstmals eine Heidelberger Bruderschaft gegründet, die sich gegen das Laster des unmäßigen Trinkens wandte, um dem daraus entstehenden „gotteslästerlichen Fluchen, daraus vielerlei Bosheit, Unrath und verderblicher Unwille in ganzer deutscher Nation entstand" Einhalt zu gebieten. Der Bruderschaft gehörten der Kurfürst Ludwig und seine Brüder, seine Neffen Ottheinrich und Philipp, Herzog Wilhelm und Ludwig von Bayern, Landgraf Philipp von Hessen, Pfalzgraf Johann von Sponheim, Markgraf Casimir von Brandenburg und die Bischöfe von Würzburg und Straßburg an. Auch der bisher betriebene Luxus mit Trompetern, Schalksnarren, Sängern und Spielleuten, also Musikanten, sollte eingeschränkt werden. Einige Jahre später kam mit Friedrich II. (1482 - 1556) die „Gesellschaft zum goldenen Ring" nach Heidelberg. Ihre Mitglieder verpflichteten sich, keine ganzen Becher in einem Zuge zu leeren. Jedes Mitglied trug zur Erinnerung an das Gelübde dieses Mäßigkeitsvereins einen goldenen Ring. Wer gegen das Verbot verstieß und anderen zutrank, musste an die Armen einen Gulden geben und war verpflichtet, seinen Ring zurückzugeben.

Friedrich II. schickte 1534 Hubertus Thomas, genannt Leodius, in einer fürstlichen Angelegenheit zum englischen König Heinrich VIII. Beim Spaziergang mit dem König im Park kam Leodius in eine peinliche Lage. Der König ließ zwei große Humpen, den einen bis an den Rand mit Wein, den anderen mit Bier gefüllt, bringen und forderte den kurpfälzischen Botschafter auf, einen der Humpen auf das Wohl seines Herrn zu trinken. Leodius versuchte den König zu belehren, dass er Mitglied des „goldenen Ringes" sei und daher gemäß der Bruderschaftsregel so einen riesig großen Becher nicht

78

austrinken dürfe. Der König sagte nur: „Einen musst du mit mir trinken, damit du siehst, dass der englische König auf gut deutsch trinken und du deinem Fürsten vermelden kannst, es werde ihm, wenn er nach England komme, an Zechbrüdern nicht fehlen". Er leerte seinen Humpen Bier in einem Zug und Leodius blieb keine Wahl. Verzweifelt schwenkte er den Wein aus dem großen Pokal in vier schweren Zügen hinunter. Bei seiner Abreise überreichte ihm der König einen goldenen Becher als Geschenk an den Pfalzgrafen. Zu Hause angekommen, meldete der ehrliche Botschafter sein Vergehen seinem Herrn und Ordensmeister, der hierzu die Versammlung der Bruderschaft einrief. Die Mitglieder erklärten Leodius einstimmig für schuldlos.

Nach einem alten Bericht soll es in den Jahren 1539 und 1540 so viel Wein gegeben haben, dass sich „viele Leut darob zu todt soffen!" Im Jahre 1600 wurde in Heidelberg der Hessische Orden der Mäßigkeit gestiftet, dem Friedrich V. angehörte. Sein Trinkgesetz bestimmte, dass kein Mitglied täglich mehr als 14 Ordensbecher Wein trinken durfte und das waren mehrere Schoppen und ein Heidelberger Schoppen waren immerhin 0,838 Liter! Dass diese „Antisauforden" auf keinen fruchtbaren Boden fielen, kann man sich leicht denken. Weiterhin wurde ausgiebig gezecht und mit lauter Anstoßen auf die Gesundheit brachte man sich um die Gesundheit.

Der Enderle von Ketsch

Um 1527 weilte der junge Pfalzgraf Ottheinrich mit Weidgenossen und adligen Zechkumpanen, dem Junker von Handschuhsheim und dem Landschad Hans Adam von Hirschhorn, im Jagdschloss zu Schwetzingen. Der Junker von Handschuhsheim neckte den Pfalzgrafen wegen seiner frommen Haltung. Als er vor Jahren im Eis treibenden Rhein ein Bauernmädchen aus einem sinkenden Nachen rettete und das verängstigte junge Mädchen heimziehen ließ, fragte er nicht einmal nach ihrem Namen. Da hörte man draußen im Hof die Ketscher Bauern mit ihrem Bürgermeister Enderle wiederholt darum bitten, den Pfalzgrafen wegen der großen Wildschäden zu sprechen. Ihre Klagen waren berechtigt; denn seit Jahren wurden ihre Felder durch den hohen Wildbestand im Ketscher Wald verwüstet. Weil den Bauern verboten war, das Wild zu erlegen, bewachten sie selbst nachts ihre Felder. Ihren Hunden mussten sie ellenlange „Bengel" anhängen, damit sie das Wild nicht jagen konnten. Enderle übergab mit einer Schar Bauern ein Bittschreiben des Bischofs von Speyer, nachdem sie zuvor in Heidelberg abgewiesen worden waren, an den jungen Pfalzgrafen, dem die Jagdgerechtigkeit im Ketscher Wald zustand. Es gab keinen Trost für die geplagten Bauern, man schickte sie hohnlachend weg und Ottheinrich ließ den Brief von seinem Schreiber entgegennehmen, eine verletzende Geste. „Wir wollen uns selber unser Recht schaffen", sagte der gedemütigte Enderle zu seinen Bauern; denn des Bischofs Schutz war ihm gewiss, schon deswegen, weil Ottheinrich den Lutheranern nahe stand. In der Nacht, als viel Schwarzwild und ein achtzehnender Hirsch mit Rehen erlegt wurde, war der Zorn bei den Bauern gelöscht, bei den adligen Herren in Schwetzingen aber so groß geworden, dass sie dort beratschlagten, wie man den Enderle bestrafen könne. Der Handschuhsheimer Junker wusste, dass der Enderle eine bildhübsche Tochter hatte, die als „edles Wild" für seine pfalzgräflichen Gnaden als willkommenes Pfand dienen könnte. Der Hirschhorner und der Handschuhsheimer heckten einen Plan für einen Überfall aus. Auf Enderles Hof kam es zum Kampf. Der Hirschhorner warf eine Schlinge um Enderles Hals und band ihn an den Türpfosten. Mit der Hundspeitsche schlug er ihn fast zu Tode, als seine alte Haushälterin mit einer Mistgabel auf den Hirschhorner einstoch. Mit dem Brotmesser konnte sie gerade noch Enderle befreien, während sie der Hirschhorner erdolchte. Der Ketscher Kühbub läutete Sturm, so dass die Bauern vom Feld zu Hilfe kamen. Doch dem Handschuhsheimer gelang es, Enderles Tochter, die bildhübsche Walpurga zu entführen. Jetzt kam es zum wilden Kampf zwischen dem Hirschhorner und Enderle. Immer noch hallten die

Glockenschläge herüber. Plötzlich erklang ein schriller Ton, die Glocke zersprang und der massige Hans Adam von Hirschhorn sank vom eigenen Schwert getroffen tot zu Boden.

Die ohnmächtige Walpurga erwachte im Schwetzinger Schloss. Ihr gegenüber saß der junge Pfalzgraf, der die reizend Schöne aus dem untergegangenen Bauernnachen im Rhein auf diese Weise wieder sehen durfte. Auch Walpurga erkannte ihren früheren Lebensretter und bat ihn um Hilfe. Ottheinrich verliebte sich und schwor ihr Liebe. Er brachte sie nach Heidelberg, wo sie sich trafen und liebten. Eines Morgens sah sie Kilian, den gleichaltrigen Nachbarjungen aus Ketsch, der hier auf dem Neckar mit einem Kahn Steine für den Schlossbau herbeischaffte. Sie rief ihm zu und Kilian öffnete ihr die Augen. Als Ottheinrichs Braut Susanna von Bayern durch die Stadt geleitet wurde, stahl sie sich aus dem gehüteten Haus und sah selbst die grausame Wahrheit. Sie kniete vor einer Marienstatue, als der Pfalzgraf mit dem Handschuhsheimer vorbeiritt. Ottheinrichs Pferd scheute vor dem vermeintlich wegelagernden Bettelweib; er warf ihr seinen letzten Silberling zu. Walpurga schlich sich aus der Stadt und ging nach Ketsch. Kilian war schon zuvor beim Enderle eingetroffen und berichtete ihm über seine Tochter, die als Geliebte festgehalten wurde.

Da schwor Enderle Rache und sann beim Schein eines Kienspans darüber nach. Walpurga hatte in der Nacht das väterliche Anwesen erreicht; denn sie musste sich abseits der Straßen unerkannt über Feld und Flur durchschlagen. Durch das offene Fenster sah sie ihren vergrämten Vater mit Kilian am Tisch sitzen und hatte Angst vor seinen Vorwürfen. Ihre Katze schnurrte um sie herum. Weil Walpurga nicht erkannt werden wollte, warf sie die Katze von ihrer Schulter. Dabei verlor sie ihr silbernes Kettchen, das auf den Boden der Stube fiel. Aus Kummer rannte sie durch den Garten in den nahen Wald. Kilian fand das Kettchen und Enderle wusste nun, dass seine geliebte Tochter hier sein musste. Noch in der Nacht nahmen sie die Suche auf. Doch die geschwächte Walpurga verirrte sich in der Dunkelheit, stürzte und ertrank in einem Rheinarm. Der Vater fand seine geliebte Tochter tot auf Schwetzinger Grund, als der junge Pfalzgraf dort auftauchte. „Was sucht ihr in meinem Revier?", herrschte ihn der junge Pfalzgraf an. Enderle antwortete dumpf: „Tote!" Der Pfalzgraf erkannte seine Geliebte und schrie ihn an: „Ihr habt sie getötet!" Enderle lachte wild auf und schleuderte den Pfalzgrafen zurück und sprach ruhig: „Wie du mein Haus zerschlagen hast, so soll dein Haus brechen und kein Stein auf dem andern bleiben! Dein Name und Stamm sei ausgelöscht, wie ein verloderndes Feuer! Wie du mich zum kinderlosen Mann ge-

macht hast, so sollst du sterben ohne Sohn oder Tochter und ich will dich hetzen über Land und Meer, über Tod und Grab!"

Wann der Enderle von Ketsch von der Last seines Lebens erlöst wurde, ist nicht bekannt. Doch die Chronik berichtet: „Wie Herr Ott Heinrich mit sammt seinem Kanzler Muckenhäuser, da er auf der Rückfahrt war von Palästina, hat ein sonderbar Abenteuer und Gesicht gehabt. - Dann wie sie kamen in das griechische Meer und gen die Insel, so man nennet Cypern, hat sich ein groß Gebraus erhoben mit Donner und Blitz, und ist darin ein Schiff gefahren gekommen, wie ein Nebelstreif, sonder Steuer noch Ruder. An deß Mast hat ein Mann gestanden in Hemdsärmeln und hat gerufen: Jetzt weicht! Jetzt flieht! Es naht der Enderle von Ketsch! Und ist selbiges Schiff zerronnen, wie eine zerblasene Wolke, wann der Wind drin fährt. - Wie sie aber wieder nach Deutschland gekommen sein, so haben sie allda vernommen, wie auf dieselbigte Tag und Stund' der gar boshaftig' Burgermeister Enderle von Ketsch Tods verblichen ist. – Dem seiner armen Seel' woll' Gott gnädig sein."

Historisch lässt sich ein „Enderys von Ketsch" nachweisen, der Jahrzehnte lang Schultheiß der Speyerer Domherren und 1586 Fergemeister der Rheinfähre war. Mit den Ketscher Bauern stand er nicht gut, weil er jedes kleinste

Vergehen bestrafte. In Ketsch habe er eine Herberge betrieben. Seine Frau war bildhübsch und als Hexe verschrien; in einem Prozess wurde sie aber freigesprochen.

Liselotte von der Pfalz beschreibt in einem Brief als Herzogin von Orléans die Geschichte des Enderle 1720 wie folgt: „Ein Edelmann, so mit Churfürst Friedrich den Sieghaften von der Pfalz in das gelobte Land gereyset, hat in seinen Journal geschrieben, daß, wie sie auf der See waren, sie auf einmahl ein abscheulich Gerast und Geschrey in der Luft gehöret, da hat jemand unter ihnen gesagt, was Teufel ist das Gerast, hierauf hätte eine Stimme aus den Wolken geantwortet, wir führen den Enderle von Ketsch in die Höllen, denn er ist jetzt eben gestorben. Der Edelmann hat gleich die Stunde und den Tag aufgeschrieben, und, wie er wieder nach der Pfalz kommen, ist er nach Ketsch und hat nach dem Enderle gefragt, da er erfahren, daß er just an dem Tag und in der Stunde gestorben, wie er es aufgeschrieben hat. Dieser Enderle ist Schulmeister zu Ketsch gewesen und hat dort für einen Hexen Meister passirt (gearbeitet), solle aber ein gar gelehrter und dabey lustiger und poßirlicher Mann gewesen seyn, welchen der Churfürst so geliebt und aestimirt (geschätzt), daß er oft ihm in sein Haus kommen, zu meiner Zeit war sein Haus noch zu Ketsch."

Liselottes Bericht beruht auf einer Sage, die Reinhard von Gemmingen-Michelfeld in der Familienchronik mitteilt. Sie fasste bei uns festen Fuß und man brachte sie mit Ottheinrich bzw. mit Friedrich dem Siegreichen in

86

Verbindung. Aus dem „feisten Enderlin" wurde bei ihr ein Schulmeister, der sich offenbar der Alchemie verschrieben hatte. Ein Geisterschiff brachte den Toten zum Schwefelberg Hekla auf Island, wo die Menschen glaubten, dass sich im Berg die Hölle befinde. Bekannt wurde die Sage durch Scheffels Studentenlied:

„Jetzt weicht, jetzt flieht!
Jetzt weicht, jetzt flieht!
Mit Zittern und Zähnegefletsch:
Jetzt weicht, jetzt flieht!
Wir singen das Lied vom Enderle von Ketsch!"

Ottheinrich, der von 1502 bis 1559 lebte, war ein schillernder Renaissancefürst, der vor allem durch seinen Schlossbau, die Errichtung der berühmten Bibliotheca Palatina auf der Empore der Heiliggeistkirche und der Einführung der Reformation bekannt geworden ist. Als „Reisiger Gottes" unternahm er seines Seelenheils willen 1521 eine Reise nach Jerusalem und führte darüber ein Tagebuch. Nach seiner Rückkehr aus dem Heiligen Land ließ er für Schloss Neuburg zwei Teppiche wirken, die seine Reise dokumentieren. Er war ein neugieriger, kunstbegeisterter und bibliophiler Fürst, der sich mit Alchemie und Astrologie beschäftigte. Er war aber auch ein verschwenderischer und lebenslustiger Genussmensch. Die Sage zu seinem Religionswechsel berichtet, dass er einst beim perlenden Wein und in des Lebens Lust und Übermut wie ein echter Renaissancemensch um sein höchstes Gut, nämlich die Religion, gewürfelt habe. Nur drei Regierungsjahre waren ihm, der sich ob seiner Körperfülle ironisch „ain schwerer wagenfahrer" nannte, vergönnt. Der kunstsinnige Kurfürst starb, ohne Leibeserben zu hinterlassen. Er glaubte, es sei eine Strafe des Himmels, weil sein Vorfahre Ludwig III. den protestantischen Johannes Huß in Konstanz auf dem Scheiterhaufen verbrennen ließ und mit dem Blute dieses Zeugen das künftige Geschlecht befleckt habe.

Vor dem Ottheinrichsbau

Die Krone der Schlossbauten bildet der reich gegliederte Ottheinrichsbau. Auf hohem Sockel erheben sich die drei an Höhe abnehmenden Geschosse der roten Sandsteinfassade. Durch Pilaster und Halbsäulen wird die Fassade in fünf Traveen gegliedert. Im mittleren Fassadenfeld befindet sich das Prachtportal, das einem antiken Triumphbogen nachempfunden wurde, mit dem kurpfälzischen Wappen und dem Portraitmedaillon des Erbauers mit zwei musizierenden Putten. Zwischen den Doppelfenstern zeigen muschelüberwölbte Nischen mit männlichen und weiblichen Statuen sowie den Allegorien der christlichen Tugend den Geist des Humanismus.

Der von Otto-Heinrich (1502 - 1559) begonnene Bau birgt viele Geheimnisse. Wir wissen weder den genauen Baubeginn, noch sein Ende. Der kunstsinnige Kurfürst regierte von 1556 bis 1559, also nur drei Jahre. Die Frage nach dem Schöpfer des Palastes liegt im Dunkel der Geschichte. Über den Sinn der Folge der allegorischen Steinfiguren ist lange gegrübelt worden, ohne dass eine überzeugende Erklärung gefunden werden konnte. Man kann nur sagen, dass die plastischen Bildwerke der Fassade die fürstliche Macht spiegeln und den höfischen Glanz ausdrücken. Vielleicht war Otto-Heinrich als Bauherr zugleich sein eigener Baumeister, der die technische

Ausführung anderen übertrug. Auch die Einordnung dieses monumentalen Denkmals in ein stilgeschichtliches Schema entzieht sich uns in seiner Einmaligkeit und Eigenwilligkeit. Selbst wenn wir des Ratens müde geworden sind, quälen uns weiterhin die in Stein gemeißelten Fragen.

Ludwig Marx (1891 - 1964), ein Heidelberger Bürger, der Dachau und die Nazizeit überstand, dichtete sinnend vor dem Ottheinrichsbau:

> *Du atmest Zeit und Ewigkeiten*
> *tief in dein wetterbraun Gestein,*
> *ein formgebändigt Mauerweiten*
> *greift kühn in Wolkengrau hinein.*

> *Und wieder wird mir deiner Glieder*
> *gemess'ner Rhythmus zum Gedicht,*
> *von deinen Säulen weht mir nieder,*
> *was träumeschwer ein Gestern spricht.*

> *Und wieder frag' ich, ob ein Morgen*
> *dem schwanken Heute folgen mag -*
> *Du hast ein Lächeln auf mein Sorgen,*
> *aus deinen Fenstern winkt der Tag.*

Lutheraner, Calvinisten und das jammervolle Ende der Elisabeth von Sachsen

Am 5. Juni 1570 wurde im Schloss mit viel Prunk und großer Prachtentfaltung die Vermählung des fünfundzwanzigjährigen Johann Casimir mit der sechzehnjährigen Elisabeth von Sachsen gefeiert. Es war keine Liebesheirat, denn Kurfürst Friedrich III., Parteiführer des deutschen Calvinismus, wollte mit der Heirat seines zweiten Sohnes mit der Tochter des Kurfürsten August von Sachsen, der die Hauptstütze der lutherischen Konfession war, die calvinistische Kurpfalz und das lutherische Sachsen über die aus dem Protestantismus klaffenden Gegensätze zu einem politischen Zweckbündnis gegen die geistlichen Kurfürsten, Kaiser und Reich zusammenführen.

Die junge Braut zog auf dem Schloss alle Blicke auf sich. Ihre stolze Schönheit wurde durch die gold- und silberdurchwirkten Kleider und ihren Perlenschmuck unterstrichen. Zur mitgeführten Aussteuer gehörten nicht nur ihre vornehme Garderobe, ihr Schmuck, Wäsche, Tischtücher und dergleichen mehr, sondern auch ihr lutherischer Hausgeistliche. Sie war eine streng erzogene und tiefgläubige Lutheranerin, während er ein Verfechter des Calvinismus war. An ein Nachgeben in Glaubensfragen ließ sich bei den Eheleuten nicht denken, weil jeder den anderen von der Wahrheit seines eigenen Glaubens überzeugen wollte. Johann Casimir war ein streitbarer Fürst, unnachgiebig und eigensinnig in seiner Überzeugung. Er führte Kriegszüge und huldigte der Jagd, gab gerne Zech- und Trinkgelage.

Davon legte er als Erbauer des ersten großen Fasses im Schloss Zeugnis ab. Man sollte annehmen, dass die Geburt eines Kindes die Eheleute in Konfessionsfragen verbinden würde. Gerade das Gegenteil war der Fall. Als die Fürstin nach mehreren fehlgeschlagenen Niederkünften ihrer Tochter Dorothea das Leben schenkte, war ihr Gemahl bei auswärtigen Regierungsgeschäften oder auf der Jagd. Elisabeth nutzte die Lage und ließ Dorothea im lutherischen Glauben taufen: „Unser Herrgott hat's so fein gemacht, daß ich bin niedergekommen, ehe mein Herr wiedergekommen, daß ich das Kind so fein taufen lassen." Die Entfremdung zwischen Johann Casimir und Elisabeth war endgültig eingetreten. Sie fühlte sich verlassen und meinte unter lauter boshaften Menschen zu leben, die sie zum Glaubenswechsel zwingen wollten. Der religiöse Fanatismus, der von den lutherischen und reformierten Theologen betrieben wurde, belastete das Fürstenpaar und führte letztlich nicht nur zu ihrer Trennung, sondern auch zu gegenseitigem Hass. Elisabeth versuchte ihre Tochter und ihre Nichte, die Tochter des früh verstorbenen Kurfürsten Ludwig, lutherisch zu erziehen.

Als im Oktober 1585 Elisabeths Mutter, die sächsische
Kurfürstin Anna, starb und wenige Monate später ihr
Vater, bat sie Johann Casimir, zur Beerdigung ihrer
Eltern reisen zu dürfen. Er lehnte ihre Bitte schroff ab.
Auch jagte er alle lutherischen Prediger und Professoren
außer Landes. Den lutherischen Hofgeistlichen seiner
Frau ließ er wegen geringer Vorkommnisse auf dem
Markt an den Pranger stellen. Als 1589 ein polnischer
Hofjunker, der sich der besonderen Gunst der Fürstin
erfreute, mit dem buckligen Hofzwerg wegen angeb-
licher Vergiftung des Fürsten verhaftet und in Ketten
geschlagen nach Mannheim gebracht worden war,
begann die Leidenszeit von Elisabeth. Johann Casimir
hatte ihr im Schloss „ein besonderes Gemach verord-
net", Schmuck und ihre fürstliche Kleidung wurden
ihr abgenommen, was einer Verhaftung gleichkam. Ihr
Bruder Christian, ein Freund Casimirs, half ihr nicht
und ließ schon früher ihre verzweifelten Klagebriefe
unbeantwortet. Sie verbrachte ihre Tage und Nächte
mit Jammern und Weinen, wenn sie nicht betete. Sie
verschmähte fortan jede Nahrungsaufnahme. Als im
Todeskampf die Muskeln ihres ausgezehrten Körpers
„gezackert und gezittert" haben, standen die calvinistischen Hoftheologen am 2. April 1590 an ihrem Sterbebett, um sie im letzten Augenblick zum Calvinismus
zu bekehren, während Johann Casimir mit dem Markgrafen Georg Friedrich von Brandenburg-Ansbach auf

der Plassenburg fröhlich zechte und seinen Wirt zweimal unter den Tisch trank. Am 15. April fand unter Teilnahme des ganzen Hofes die feierliche Beisetzung in der Heiliggeistkirche statt, nur Johann Casimir fehlte; selbst im Tode verleugnete er seine Gattin. Ihre Grablege fand sie gegenüber der Kanzel vor ihrem Kirchenstuhl, wo sie im Leben gezwungen wurde, calvinistische Predigten zu hören und selbst im Tod noch die reine Lehre vernehmen sollte. Doch ein böses Omen hatte sich auf dem Schloss zugetragen, in dem das Wappentier des Kurfürsten, der Löwe seine Löwin totbiss und kurz darauf selbst verendete. Die Tragödie nahm ihren Lauf, nachdem der Bruder der Fürstin und engster Freund Casimirs, Kurfürst Christian, verstarb. Er hatte ihn überzeugt und bewogen, den Calvinismus in Sachsen einzuführen, aber das Volk erhängte in Dresden seinen calvinistischen Kanzler und blieb beim Luthertum. Johann Casimir verfiel in tiefe Schwermut und erlag einem Schlaganfall als Folge seines unmäßigen Weingenusses, mit dem er offenbar sein Gewissen betäuben wollte. Seine letzten Worte waren: „Ach lieber Herr Jesu Christe, gehe nicht mit deinem armen Knechte ins Gericht, sondern sei ihm gnädig!"

Von den drei Großen Fässern

Von je her huldigte man am Hof zu Heidelberg dem Wein, warum hätte man sonst das Große Fass erbaut?

Das erste Große Fass ließ Johann Casimir (1543 - 1592), Administrator der Kurpfalz und Vormund von Friedrich IV., von dem Küfermeister Michael Waerner aus Landau in den Jahren 1589 bis 1591/92 erbauen. Es fasste 132 Fuder, drei Ohm und zwei Viertel Wein, also ca. 123.000 Liter. Wahrzeichen des Fasses waren eine Nachteule, ein Affe und sein Spruch, der auch am Brückentor angebracht war, sowie ein Löwe ohne Zunge. Das Fass wurde weniger aus Gründen der Macht und der Prunksucht als zur Bevorratung des Schlosses bei Belagerungsfällen, aber auch um die großen Mengen an abgeliefertem Zehntwein aufnehmen zu können, erbaut.

So ließ Johann Casimir auch Notspeicher zur Vorratshaltung von Getreide bauen. Den Hofbediensteten wurde ein Teil ihres Gehalts als so genannter Deputatswein ausgeschenkt. Ihr ständiges Klagen, der eine habe guten Zehntwein aus hervorragenden, der andere dagegen sauren Wein aus schlechten Weinlagen erhalten, wurde durch das Mischen der Weine im Großen Fass hinfällig. Im Dreißigjährigen Krieg zerstörten die Besatzer des Schlosses das Fass. Der Sage nach habe eine Rotte von Soldaten die eichenen Fassdauben herausgeschlagen und als Brennholz zum Braten der Ochsen am Spieß im Schlosshof verwendet.

Von Kurfürst Karl Ludwig, dem Wiederaufbauer der Kurpfalz, stammt das zweite Große Fass, das der Hofkellermeister Johann Mayer im Jahre 1664 aufrichtete. Auf der Stirnseite des Fasses thronte ein Bacchus, der in der linken Hand einen Becher schwenkte; darunter trieben zwischen Weinlaub und Reben Flöten spielende Satyrn ihr Spiel. Auf der Stirn- und Rückseite waren viele Reime eingeschnitzt. Zwei davon sollen zur Anschauung genügen:

> *„Wir können vieler Ding' entbehren,*
> *Und dieß und jenes nicht begehren;*
> *Doch werden wenig Männer seyn,*
> *Die Weiber hassen und den Wein.*

> *Man brauet Bier im Land zu Meißen,*
> *In Sachsen, Pommern, Holland, Preußen,*
> *Gottlob! Die edle Pfalz am Rhein*
> *Giebt uns und ihnen guten Wein."*

Auf den Fassrücken führte eine Treppe, zu einem „20 Schuh langen Altan mit einem Seitengang, worauf ehedem 6 Personen ganz bequem tanzen konnten."

97

Als 1671 die französischen Gesandten wegen der bevor-
stehenden Heirat mit Philipp Herzog von Orléans auf dem
Schloss zu Gast waren, führte der Kurfürst seine Gäste
in den Fasskeller. In das Große Fass, das gerade leer
war, mussten zwölf Trommler und ebenso viele Trompeter und Kesselpauker kriechen. Als die Gesellschaft auf
der Galerie auf das Wohl des Königs von Frankreich die
Weinbecher erhob, griffen im Fassinneren die Musiker
zu ihren Instrumenten und machten einen Höllenkrach.
Die völlig ahnungslosen Gäste schrieen und glaubten die
Welt ginge jetzt zu Ende. Vor Angst stürzten sie ungeord-
net und jede Etikette vergessend die Treppe hinunter.

Erst als die Urheber des Lärms aus dem Fasstürchen kro-
chen, hatten sie sich von dem Schrecken erholt.

Die französischen Eroberer, die hier 1689 im Schloss über-
winterten, haben den Wein des Großen Fasses für so gut
befunden, dass sie nichts mehr davon übrig ließen. Du
Mont, der an dem Feldzug teilnahm, und seinen Degen
mit der Feder vertauschte, schrieb im September 1689 in
einem Brief aus Straßburg: „Die Fremden, welche durch
diese Stadt kamen, verfehlten niemals, dem berühmten
Faß einen Besuch abzustatten, das seit mehr als einem
Jahrhundert mit Wein gefüllt lag. Gewöhnlich wurden
sie da empfangen mit dem ‚Wilkum‘, d.h. einem Glas, das
ungefähr zwei Pariser Pinten hält." Bei der Zerstörung

des Schlosses im Jahre 1693 wurde das offenbar leere Große Fass schwer beschädigt.

Nachdem Karl Philipp (1661 - 1742) zur Regierung gekommen war, ließ er es wieder in den alten Zustand bringen. In mehreren Medaillenprägungen wird dieses Große Fass als ein Symbol kurfürstlicher Macht abgebildet. Die Umschrift der Medaille aus dem Jahre 1727 heißt daher: *Diss Fass so 40 Jahr dem Untergang ergeben wurd nach des Feinds Gefahr ein Phoenix neu zu Leben.* Wahrscheinlich wollte der Kurfürst mit dieser Gegenmedaille zu der berüchtigten Medaille „Heidelberga deleta" des Königs Ludwig XIV. zur Zerstörung der Pfalz symbolisch seine wiedergewonnene Kraft anzeigen. Carl Theodor (1724 - 1799) ließ das alte Fass abtragen und durch ein noch gewaltigeres ersetzen. Es ist das heutige Große Fass, das der Hofkeller Johann Jakob Engler 1751 erstellte. Es fasst 236 Fuder oder 221 786 Liter, ist 30 Fuß lang und 23 Fuß hoch, das entspricht einer Höhe von ca. 6,5 und einer Länge von 8,4 Meter. Dieses dritte Große Fass wurde allerdings nie mit Wein gefüllt; es ist zum imposanten Denkmal der ehemaligen weinseligen Kurpfalz und des Schlosses geworden.

Karl Gottfried Nadler verglich das Große Fass mit dem Dom zu Köln, für ihn war dieses gewaltige Weinfass ein hölzerner Dom.

„Zu Heidelberg in der Palzgrafeburg
Do sicht mar den holzerne Dum;
Un is er nit eckig, so is er doch rund,
Un Wallfahrer kumme noch heut uf die Schtund
Aus alle Herre Länder noch Heidelberg frumm
Zum Palzgraf seim Dum uf der Burg.

Gott grüß dich, du runder dickbauchiger Dum,
Gebaut vum Palzgrafe bei Rhein!
Dem Herrn zu Lieb wähl ich de geischtliche Schtand
Un meld mich als holzerner Dumdechant,
Un bet for de Palzgraf, un trink'm sein Wein,
Und sing vor seim holzerne Dum."

Die damaligen staunenden Wallfahrer sind heute die Scharen von Touristen, die das Wunderwerk der Küferzunft betrachten.

Von Hofnarren

Auch am Hof in Heidelberg finden wir Hofnarren. Die bekanntesten sind der Pritschenpeter und der Zwerg Perkeo. Kurfürst Friedrich IV. (1574 - 1610) hielt sich als Hofnarren den Pritschenpeter. 1606 gründete Friedrich IV. die Festung Friedrichsburg auf der Gemarkung des Dorfes Mannheim, das er anschließend zur Stadt erhob. Er ist der Erbauer des nach ihm benannten Friedrichbaues im Schloss.

Vom Pritschenpeter erzählt man sich folgende Anekdoten:

Der Pritschenpeter schüttete das Wasser aus dem Obergeschoss seiner Wohnung auf die Gasse. Das kalte Wasser traf zufällig einen vorübergehenden Fußgänger. Zornig und erbost fragte er den Pritschenpeter, weshalb er denn das Wasser ohne auf die Leute in der Gasse zu achten von da oben herabschütten müsse. Da antwortete Peter rasch: „Soll ich's denn von unten hinaufschütten?" Darüber musste selbst der Begossene lachen.

Von einem Höfling wurde Peter als ein „dummer Narrenfresser" gescholten. Daraufhin sagte er ihm:

„Es ist ein Wunder, dass ihr noch lebt. Jedenfalls seid ihr noch nicht lange in meiner Nähe."

Ein anderer Höfling sagte zu ihm: „Ich wollte, du wärst entweder ein ganzer oder gar kein Narr. Nur so könnte man mit dir besser zurechtkommen." Worauf Peter versetzte: „Gib mir deinen Sparren zu dem meinigen, so werde ich ein ganzer Narr!"

Als ihn ein Vasall des Kurfürsten fragte, warum die meisten Narren keine Frauen hätten oder wenn sie doch verheiratet seien, keine Kinder bekämen, antwortete er schlagfertig: „Mein, kennt ihr den Spruch nicht ‚Die Welt ist voller Narren!'? Daher sind doch keine Kinder mehr nötig!"

Einst wurde Friedrich IV. böse auf Peter und schalt ihn, das Schloss zu räumen. Da antwortete er seinem Fürst: „Ich bin's zufrieden; allein lasst mich mit der Silberkammer anfangen."

In einem ehemaligen Gasthaus in Heidelberg stand an der Wand folgender Vers, den ein Gast dem Pritschenpeter vorlas:

> „Wer vor zwanzig Jahren nicht schön,
> Vor dreißig Jahren nicht stark,

Vor vierzig Jahren nicht witzig,
Vor fünfzig Jahren nicht reich,
An dem ist alle Hoffnung verloren."

Peter antwortete darauf: „Nun, so ist alles an mir verloren! Schön bin ich nicht, das sieht mir jeder an; stark bin ich nicht, das weiß ich wohl. Klug bin ich nicht, sonst wär' ich nicht der Pritschenpeter. Reich bin ich auch nicht, sonst borgte mir der Wirt schon eine Kanne Wein. Drum möge mir Gott und mein gnädiger Herr, unser Kurfürst, helfen!"

Der Rittersprung vom Friedrichsbau

Der Erbauer des Friedrichsbaues war der noch jugendliche Kurfürst Friedrich IV. (1592 - 1610). Die alte Schlosskapelle, dem heiligen Uldarich geweiht, hatte sich so stark abgesenkt, dass „man sich des Einfallens" des gesamten Gebäudes habe sorgen müssen, heißt es in einem zeitgenössischen Bericht. Das zwischen dem Frauenzimmerbau und dem gläsernen Saalbau befindliche alte Gemäuer mit der Kapelle wurde niedergerissen und der stattliche Palast 1601 an seine Stelle eingeschoben. Nach der Bauinschrift hatte der Palast als Fürstenwohnung und Gotteshaus zu dienen. Ausschmücken ließ er ihn mit Statuen seiner Ahnen. In der historisierenden Palastfassade wird die nach außen strebende Repräsentation des Kurfürsten und der Drang zur Selbstglorifizierung deutlich sichtbar. Auch der Altan, ein Vorbau zum Friedrichsbau, wurde von Friedrich IV. fertig gestellt. Er ist vom eigentlichen Gebäude durch einen über 8 Meter breiten Zwischenraum getrennt. In ihn mündet der Burgweg, der nördliche Schlosszugang. Vom Altan aus genießen die Schlossbesucher eine herrliche Aussicht auf die Stadt, den Neckar und auf den Heiligenberg mit seinem berühmten Philosophenweg.

Im Friedrichsbau soll kurz nach seiner Fertigstellung in einem oberen Festsaal ein Brand ausgebrochen sein.

Das Feuer griff schnell um sich, so dass sich die Festsaalbesucher über die in der Nordostecke gelegene Wendeltreppe des Frauenzimmerbaues retten mussten und auf den Altan rannten. Ein Edelmann, der sich im obersten Stockwerk befand und gerade seine schwere Ritterrüstung anlegte, wurde vom Feuer überrascht. An ein Fliehen war nicht mehr zu denken. Der stechende Rauch hatte bereits den Raum erfüllt und die heißen Flammen schlugen schon zur Tür herein. In dieser Not riss er das Fenster auf und sprang mutig in die Tiefe auf den Altan, der dem Friedrichsbau vorgebaut ist.

Alle Höflinge glaubten, dass er auf dem harten Boden mit seiner Rüstung zerschmettere. Doch wie ein Wunder fing ihn eine weiche, nachgebende Stelle im Stein auf. Der glückliche Ritter überstand den Sturz aus dem Fenster heil und unverletzt. Ein Staunen erfasste die Umstehenden. Doch dort, wo er mit seinem eisernen Schuh aufsprang, hat sich als Zeichen der Rettung eine Fußspur aus dem Stein geschlagen, die heute noch zu sehen ist. Dieser aus dem Stein herausgeschlagene Fußstapfen des sagenhaften Ritters bleibt ein Anziehungspunkt auf dem Altan. Viele Besucher versuchen, mit ihrem Schuh in den Steinabdruck zu treten, um sich des Wunders oder des Ritterglückes zu überzeugen.

In einer anderen Erzählung wird der Ritter zum Retter der geladenen Gäste, die durch den schnell um sich greifenden Brand im Festsaal eingeschlossen waren. Er setzte alles daran, seine Gäste in Sicherheit zu bringen und wollte als letzter den Saal verlassen. Doch das Feuer hatte ihn umzingelt und eingeschlossen; ihm blieb nur noch der waghalsige Sprung aus dem Fenster. Dank seines ritterlichen Verhaltens kam er unverletzt auf dem Schlossaltan an und hinterließ dort im Stein seine Fußspur.

Nach einer weiteren Version rühre der Fußabdruck in der Bodenplatte des Altans schließlich daher, dass ein im Gemache eines Hoffräuleins überraschter Ritter mit seiner schweren Rüstung aus dem Fenster sprang, um den guten Ruf seiner heiß geliebten Verehrerin zu schonen. Er selbst habe den Sturz gut überlebt.

Und letztlich erzählt man auch, dass ein Ritter seine Herzensdame, eine Pfalzgrafentochter, in einer stockdunklen Nacht entführte. Allein daher stammen die Fußstapfen in der Steinplatte. Er sprang mit seiner Geliebten, die er auf seinen Armen trug, aus einem Giebelfenster herab und beide kamen unverletzt und glücklich auf dem Altan an. Die entführte Pfalzgrafentochter und ihr Ritter sollen eine liebevolle Ehe geführt haben.

Der letzte Ritter von Handschuhsheim

Der letzte aus dem Geschlecht der Handschuhsheimer war Hans von Handschuhsheim, der bereits im jugendlichen Alter am Hof des Kurfürsten Friedrich IV. als Page diente. Friedrich IV. (1574 - 1610) war ein lebensfroher und temperamentvoller Fürst in einer gährenden Zeit, wo rohe Manieren und althergebrachte Traditionen gegen den neuen Zeitgeist kämpften, wo die Reformation nicht allein eine Krise der Kirche, sondern zur Fürstensache wurde. Regieren und verwalten war die eine, repräsentieren die andere Seite seines Tuns und Treibens. In einem Tagebuch verzeichnet Friedrich IV. für drei Jahre in kurzen Notizen seinen Tagesablauf: „bin ich naus hetzen gezogen, haben wir ein Fuchsjagen gehabt, bin ich fol gewesen", heißt es dort, aber auch „hab ich geschwitzet", was so viel besagt, dass er mit seinen Räten Regierungsgeschäfte besprach und Verantwortung übernahm. Viktor von Scheffel überzeichnet, wenn er reimte:

> *„Wütend wälzt sich einst im Bette*
> *Kurfürst Friedrich von Kurpfalz;*
> *Gegen alle Etikette brüllet er aus vollem Hals:*
> *Wie kam gestern ich ins Bett?*
> *Bin scheints wieder voll gewest."*

Hans von Handschuhsheim war am 14. Dezember 1600

zu einem pomphaften Weihnachtsfest ins Schloss ge-
laden und saß mit Friedrich von Hirschhorn bei einer
hübschen Jungfer an der Tafel. Beim Bankett zeichnete der Kurfürst den Junker mit einem Wehrgehän-
ge aus, nicht, weil er ihn gut leiden konnte, sondern
weil er sich als Reiter besondere Verdienste erworben
hatte. Der junge Handschuhsheimer, darüber erfreut,
hofierte die an seiner Seite sitzende schöne Jungfer
auffällig, was den eifersüchtigen Ritter von Hirschhorn in Wut und Rage versetzte. Der Neid über die
Auszeichnung und sein süßes Benehmen zur adligen
Tischdame tadelte der Hirschhorner sehr. Auf dem
Heimweg kamen sich die beiden immer mehr in die
Haare und als sie auf dem Marktplatz waren, zückte
der Hirschhorner seinen Degen zum ehrlichen Streit.
Hans traf einen tiefen Stich in den Oberschenkel. Man
trug ihn zur Tiefburg, wo er am 31. Dezember 1600
verstarb. Auf dem Gedenkstein im alten Kirchlein zu
Handschuhsheim ist zu lesen: „Zu Heidelberg auf dem
Markt bei Nacht Friedrich von Hirschhorn ihn hardt
stach den 14. Decembris im sechzehnhundertsten
Jahr." Seine Mutter, Amalie Beußerin von Ingelheim,
gab alle Schuld dem hitzigen Friedrich von Hirschhorn, der den Fünfzehnjährigen auf seinem Gewissen
habe.

„Mein Fluch soll dieser Blitz sein,
sein Name soll verflucht,
Verflucht sein Stamm und Sitz sein,
und wenn er Ruhe sucht,

Soll immerfort ihn hetzen,
der Hölle wildes Heer,
Und selbst im Grabe letzen,
soll keine Rast ihn mehr!

Gott mög' ihm nie verzeihen,
ihm nie barmherzig sein!
Mein Sohn, um Rache schreien,
soll selbst dein Leichenstein,

Und wie mit dir, mein Leben,
des Vaters Stamm erlischt,
Sei auch der Name Hirschhorn
im Lebensbuch verwischt!"

So reimte E. Schuler im Badischen Sagenbuch.

Es war Pfarrer Adolf Schmitthenner, der das tragische Schicksal des letzten Ritters von Hirschhorn in dem Roman „Das deutsche Herz" beschreibt. Zur Trauerfeier kamen der Kurfürst, seine Räte, Edelleute und seine Handschuhsheimer Untertanen. Sie weinten und klagten um den letzten Spross des edlen Hauses. Friedrich von Hirschhorn ging zur Bahre, verneigte sich vor seinem ritterlichen Freund und warf sich vor der Mutter nieder und sprach: „Bei Gott, verzeihet mir. Gern gäbe ich mein Leben für seines." Doch die Mutter ballte ihre Hände zu Fäusten und fauchte ihn an: „Hirschhorner, ihr lügt, ihr habt teuflisch gemordet!" Er widersprach: „So wahr ich ein Hirschhorn bin, ich habe ihn nicht getötet, sonst hätte ich ins Herz getroffen." Sie aber verfluchte ihn, indem sie ihre schneeweißen Hände erhob und sprach, „vermaledeit sei deiner Frauen Schoß, eine Kröte soll sie gebären." Gebeugt und gefolgt von bösen Blicken ging er aus der Kirche. Ihr Fluch bewahrheitete sich, alle Söhne starben rasch nacheinander; er war der letzte seines Geschlechts.

Das Elisabethentor

Am 14. Februar 1613 heiratete der blutjunge und gren-
zenlos verliebte Friedrich V. in London Elisabeth von
England. Ihr Vater, Jakob I., richtete eine feierliche Vermählung aus, die zu den glänzendsten des Jahrhunderts zählte. Mit einer Flotte segelte das junge Paar nach
Holland. Von Den Haag aus reiste Elisabeth mit dem
Wagen nach Deutz am Rhein, wo sie eine eigens gebaute
Jacht erwartete. In Bingen kam ihr Gemahl, der schon
vorauseilte, an Bord. Bis Oppenheim war man mit dem
Schiff gefahren. Von hier aus begleitete sie eine stattliche
Reitereskorte bis Heidelberg. Hier wurden sie mit Musik
und Feuerwerk, Triumphbögen und allegorischen Dar-
stellungen empfangen. Friedrich, am französischen Hof
erzogen, liebte den neuen aufwändigen Repräsentations-
stil; er setzte den Ausbau des Schlosses mit dem Englischen Bau und dem Schlossgarten fort.

Der Stückgarten verdankt seine Entstehung dem
großen Schlossbauer Ludwig V. (1508 - 1544), der
hier Stücke, also Geschütze, zur Verteidigung des
Schlosses aufstellen ließ. Der junge, Pracht liebende
Kurfürst Friedrich V. ließ den Stückgarten 1614/15 zu
einem schönen Privatgarten mit einem Vogelhaus für
seine Gemahlin umbauen. Eine Tür mit Zugbrücke
führte von den fürstlichen Gemächern im Englischen

Bau direkt in den Garten. Der äußere Zugang erfolgte durch das legendäre Elisabethentor, das er in nur einer Nacht seiner „herzallerliebsten Gemahlin" zum Geburtstag aufstellen ließ. Doch dieses sagenhafte Werk einer einzigen Nacht entbehrt jeglicher Realität.

Friedrich Schön dichtet:

> *Ein Bauwerk schuf die eine Nacht:*
> *Und, als der junge Tag erwacht*
> *Und hell erklingt der Vöglein Spiel,*
> *Da schauen es staunend der Augen viel.*
> *Die Fürstin wird die Kunde schnell,*
> *Da eilt sie schier fliegenden Fußes zur Stell;*
> *Die Mär deucht wunderlich ihr Ohr:*
> *Vor ihrem Garten ein neues Tor,*
> *Wo gestern ein hölzern Pförtlein war.*

Kunsthistorisch gesehen handelt es sich um eine frühbarocke Nachbildung eines römischen Triumphbogens. Der Aufsatz über dem Hauptgesims, die so genannte Attika, ist eine Inschrifttafel aus rotem Sandstein, die jedem mitteilt, dass der Kurfürst dieses prächtige Bauwerk seiner innigst geliebten Gattin im Jahre 1615 errichtete. Die lateinische Widmungsinschrift lautet: „Fridericus V Elisabethae Coniugi Cariss. A(nno) C(hristi) MDCXV. F(aciendum) C(uravit)."

113

Der Raum über dem Scheitel des Torbogens zeigt zwei
Genien mit Fruchthörnern. Darüber befinden sich zwei
Löwen, die mit den Vorderklauen den Reichsapfel halten,
das Symbol der ersten Kurwürde.

Der junge Kurfürst ließ sich 1619 von den antihabsbur-
gischen protestantischen Ständen Böhmens zum König
wählen; denn er wähnte sich als Hüter des Protestantismus in Deutschland und überschätzte dabei erheblich seine Macht. Mit Beginn des unheilvollen Glaubenskrieges
verlor Kurfürst Friedrich V. sein Land und die Kurwürde
in der Schlacht am Weißen Berg vor den Toren Prags.
Geächtet floh er 1620 mit seiner Familie von Prag nach
dem sicheren Holland. Von seinen Widersachern wurde er verächtlich als Winterkönig bezeichnet. Mit dieser
Bezeichnung ging er in die Pfälzische Geschichte ein.

Während seiner Aufenthalte in Heidelberg besuchte Goethe (1749 - 1832) immer wieder das Schloss und „seinen Garten". Beim letzten Besuch traf er sich mit Marianne Willemer im Stückgarten, auch als Englischer Garten bezeichnet. Anlässlich der Heidelberger Goethe-feier im Jahre 1899 wurde beim ehemaligen Vogelhause eine Tafel in die Mauer eingelassen mit dem sinnfälligen Vers aus dem Gedicht „Zu Heidelberg" zum Gedenken an die gemeinsam mit Goethe 1815 im Stückgarten verbrachten Musestunden von Marianne Willemer:

Auf der Terrasse hochgewölbten Bogen
War eine Zeit sein Kommen und sein Gehn;
Die Chiffer, von der lieben Hand gezogen,
Ich fand sie nicht, sie ist nicht mehr zu sehn.
Schließt euch nun, ihr müden Augenlider,
Im Dämmerlicht der fernen schönen Zeit
Umtönen mich des Freundes hohe Lieder,
Zu Gegenwart wird die Vergangenheit.

Der letzte Vers besingt ihre Liebe. Man könnte ihn auch mit dem jungverliebten Kurfürstenpaar, das oft im neu angelegten Stückgarten weilte, assoziieren:

Schließt euch um mich, ihr unsichtbaren Schranken,
Im Zauberkreis, der magisch mich umgibt,
Versenkt euch willig, Sinne und Gedanken;
Hier war ich glücklich, liebend und geliebt!

Unmittelbar gegenüber der Gedenktafel stand ein Ginkgo biloba Baum, von dem Goethe für die geliebte Freundin ein schönes Blatt nahm. Er sandte es Marianne von Willemer als Symbol der Freundschaft mit dem berühmten „Gingo biloba-Gedicht". Ihn inspirierte das geteilte fächerförmige Blatt dieser uralten Baumart, das „eins und doppelt" scheint. Es gilt seitdem als Liebessymbol.

Die Weiße Dame vom Schloss

Der französische Schriftsteller und Romancier Victor Hugo (1802 - 1885) besuchte abends das Schloss und schreibt 1845 in seinem Buch „Le Rhin", dass es in den Ruinen des Heidelberger Schlosses viele Gespenster gäbe, die in Vollmond- und Gewitternächten ihr Unwesen treiben.

Nach einer alten Sage gehe um Mitternacht eine weißgekleidete Dame in den Gewölben ziellos umher. Anwesende erschaudern vor ihrem Schatten und vernehmen oft nur ihre Stimme, die der Wind nächtens durch die leeren Räume, die zerstörten Türme und die langen Gänge trägt. Im Jahre 1655 soll sie im Kaisersaal des Ottheinrichbaues dem Pfalzgrafen von Zweibrücken erschienen sein. In einem unheilvollen Monolog prophezeite sie ihm den Untergang der Kurpfalz, und wenn ein Pfalzgraf im Sterben lag, erschien sie an seinem Sterbebett. Mit der Zerschlagung und dem Übergang der Kurpfalz an Baden und andere Länder endete im Jahre 1803 der Spuk der Weißen Dame. Niemand hat sie bisher wieder gesehen noch ihre Stimme vernommen.

Victor Hugo suchte in der Nacht die „Schattenwelt" der Romantik, den Aufstand des Gefühls gegen die nüchterne

117

Aufklärung. Wilhelm Steinkopf, der als Student fast Hundert Jahre später als Victor Hugo in einer monddurchfluteten Mainacht den Schlosshof besuchte, weiß nur von gefälligen und beschaulichen Gestalten zu berichten:

„So setz' ich mich. Doch als ich saß,
Leis hört' ich's rascheln um mich wieder.
Wie Schritte klang's auf Stein und Gras
Und wie das Klingen froher Lieder.
Jetzt sah ich auch, was ich gehört:
Gestalten waren's, sonderbare,
In Rüstung teils mit Schild und Schwert,
Teils im Kollett (Reitjacke) und im Talare.
Nicht Männer nur, auch schöne Fraun
Und Jungfraun in dem Zug sich fanden,
Die waren lieblich anzuschaun
In leichten griechischen Gewanden.
Ich forscht' und riet, wer mocht' es sein,
Der Zug, der flüsternd dort spazierte
Gespensterhaft im Mondenschein?
Bis ich des Rätsels Lösung spürte.
Denn als ich suchend um mich schau',
Da seh ich, daß der Bilder Scharen
Vom Friedrichs- und Ottheinrichsbau
Von ihrem Platz verschwunden waren;

Und sie, die sonst als Schmuck der Wand
Die Nischen und die Dächer zierten,
Sie waren's, die dort Hand in Hand
Sich unterhaltend promenierten.
Zu kurzem Dasein froh erwacht,
So waren sie herabgestiegen,
Um in dem Zauber dieser Nacht,
der Maiennacht, sich zu vergnügen."

Wilhelm Heinse, ein Sohn der Sturm- und Drang-
bewegung, schreibt in einem Brief im Sommer 1780
an seine „theure Betty" beim abendlichen Besuch vom
Schloss seine Leiden als Gefühlsausbruch:

„Jetzt ein heiliges Windbrausen über mir in den hohen
Buchen und Eichen; und nun wieder alles still und
schaurig. Nichts regt sich in dem verfallenen Gemäuer;
die Dämmerung bricht ein, und die alten ehrwürdigen
Herren zwischen den Fenstern (er meint die Pfalzgra-
fen und Könige) scheinen auf mich zuzukommen und
sich zu bewegen. Ich bin in der Schattenwelt, rund um
mich graues Alterthum, o wie selig könnte hier ein von
Drangsalen Umrungener seine Leiden ausweinen!"

Das Kindermahl am Heiligabend 1650

Karl Ludwig war der zweitälteste Sohn aus der Ehe
Friedrich V. mit Elisabeth Stuart. Wie alle Kinder des
verbannten unglücklichen Friedrich V., der sich 1619 in
das böhmische Abenteuer einließ, genoss er eine sorg-
fältige Erziehung. Karl Ludwig studierte an der Universität zu Leiden Theologie, Jura und Staatswissenschaften;
bei seinem Großonkel Heinrich Friedrich von Oranien
erhielt er eine militärische Ausbildung und bei seinem
Onkel in London betrat er das diplomatische Parkett.
Nach dem Westfälischen Frieden zog er am 7. Oktober
1649 in das vom Krieg gebeutelte Heidelberg ein. Seine
Residenz und die Kurpfalz fand er in einem trostlosen
Zustand. Die Universität stand nur noch auf dem Papier;
der Lehrbetrieb war im Dreißigjährigen Krieg eingestellt
worden. Felder und Weinberge waren verwüstet, in den
Ortschaften stieß er auf verbrannte ärmliche Hütten, wo
die wenigen Menschen, die der mörderische Krieg übrig
gelassen hatte, in Armut und Elend hausten.

*In der Schlosskapelle saß der Kurfürst Karl Ludwig
(1617 - 1680) neben seiner schwangeren Frau Charlotte
von Hessen, die er am 12. Februar 1650 in Kassel
geheiratet hatte. Mit viel Hoffnung führte er sie in die
vom Dreißigjährigen Krieg verwüstete Heimat seiner
Vorfahren heim. Hinter ihnen saßen der kleine Hofstaat,*

die Hofdamen und Kavaliere sowie die hohen Beamten. Nur eine äußerst sparsame Hofhaltung konnte das Land aus der Not führen. So wurde im Schloss jede unnütze Ausgabe vermieden. Seine junge Gemahlin, die die Jagd und die Vergnügungen liebte, war jedoch nicht gewillt, ihre kapriziösen Neigungen und höfischen Launen durch die vom Kurfürsten verordnete Sparsamkeit einschränken zu lassen.

Drunten von der Heiliggeistkirche drang der Glockenklang herauf, als der reformierte Hofprediger aus dem Lukas-Evangelium die Weihnachtsgeschichte in der Schlosskapelle vorlas. Nachdem das Amen gesprochen war und die kurfürstliche Gesellschaft mit dem weihnachtlichen Segen den Gottesdienst verließ, begaben sich der Kurfürst mit Charlotte und den Gästen in den Speisesaal des Ottheinrichbaues. Eine liebliche Musik spielte beim Eintritt der Gesellschaft auf. Doch diese weihnachtliche Stimmung zerriss, als die stolze Kurfürstin im Saal die geschmückte Tafel mit den Gästen sah. An der Tafel saßen gewaschene und anständig gekämmte Kinder aus der Stadt in ihren dürftigen und geflickten Kleidern. Die hessische Prinzessin, die Freude an glänzenden und rauschenden Vergnügungen hatte, fühlte sich sehr unbehaglich in dieser standesfremden Kindergesellschaft. Beim Erscheinen des Fürstenpaares erhoben sich die Kinder von ihren

Plätzen und machten einen artigen Hofknicks. „Verzeiht, meine Liebe, mir diese Überraschung", *sprach der Kurfürst zu seiner Gemahlin.* „Ich habe die Kinder armer Untertanen aus der Stadt zum Heiligabend als Gäste eingeladen, und wir wollen mit ihnen das Festmahl essen. Unser Herr und Heiland war arm wie sie, und wer am Heiligabend eines dieser Kinder aufnimmt, der nimmt auch ihn, der im Stalle zu Bethlehem geboren ward, auf."

Die Kurfürstin, die eine festliche Tafel mit Kavalieren und Hofdamen sowie wertvolle Geschenke aus der Hand ihres Gemahls erwartete, war tief enttäuscht. Mit zitternder Stimme und einer gekünstelten Miene hieß sie die unwillkommenen Gäste sitzen. Danach raffte sie zornig die Brokatschleppe ihres Kleides zusammen und verließ auf Grund eines vorgetäuschten Unwohlseins mit ihren Hofdamen den Festsaal. Nur das Hoffräulein Louise von Degenfeld zögerte und blieb bei den kleinen Gästen. Als Karl Ludwig das freundliche Hoffräulein aufforderte, mit ihm an der Tafel Platz zu nehmen, atmeten alle auf.

Die großen fragenden Augen der Kinder ließen den Verdruss des Kurfürsten vergessen. Nach dem einfachen Mahl tauten die Zünglein der Kinder auf. Trotz des misslichen Vorfalls breitete sich bald eine fröh-

liche Weihnachtsstimmung im Saal aus. Der Nikolaus kam mit Sack und Rute und verteilte an die Kinder Äpfel, Nüsse und Gebäck. Jedes Kind erhielt aus der Hand des Fürsten einen Silbergulden als Weihnachtsgeschenk für die Eltern.

Als die Schlossuhr zehn schlug, ließ der Kurfürst durch seinen Trompeter den Kehraus blasen. Die Kinder bedankten sich und legten ihre Händchen in die des Fürsten und der jungen Hofdame. In warme Wolltücher gehüllt und mit Laternen versehen, rannten sie den Kurzen Buckel hinunter in die Stille der Stadt. Vom Söller des Schlosses aus schaute der Kurfürst mit Louise von Degenfeld schweigend den Lichtlein der Kinder nach, die in der Heiligen Nacht leuchteten.

Die Sage schildert die große Not der Menschen nach dem Dreißigjährigen Krieg in Heidelberg und weist ganz dezent auf die herannahende Ehekrise und spätere Ehetragödie des Kurfürsten mit seiner angetrauten Kurfürstin Charlotte von Hessen hin. Bereits hier wird das geistreiche Hoffräulein Louise von Degenfeld, die spätere Geliebte und Frau von Karl Ludwig eingeführt. Am 6. Januar 1658 heiratete Karl Ludwig seine Louise in Frankenthal, ohne sich förmlich von seiner Gemahlin Charlotte scheiden zu lassen. Er führte mit dem ehemaligen Hoffräulein in Schwetzingen eine glückliche Ehe und selbst seine

Tochter Elisabeth Charlotte aus der ersten Ehe erkannte Louise als seine zweite Frau an.

Unter dem Eindruck des Elends fasste er den Entschluss, seinem anvertrauten Land und den Menschen den Frieden zu sichern; denn nur in Friedenszeiten konnte die Region sich erholen und wieder zu Wohlstand gelangen. Die im Krieg „zerfallene hohe Schul" hat er zum Wohl der Stadt 1652 wieder eröffnet. Er glaubte, mit der Heirat seiner Tochter, der neunzehnjährigen Prinzessin Elisabeth Charlotte, mit dem Herzog Philipp von Orléans eine dauerhafte Aussöhnung zwischen Frankreich und der Pfalz zu erreichen. Zu spät. Ohnmächtig musste er zusehen, wie unter Ludwig XIV. im Krieg gegen den Kaiser und das Reich (1673 - 1678) französische Truppen bereits 1673 und 1674 in die Pfalz einfielen und vieles zerstörten. Er bewies persönlichen Mut und schickte in seiner Erbitterung an den im Jagdschloss zu Schwetzingen lagernden Feldherrn Turenne einen Hoftrompeter, der ihn zu einem Zweikampf aufforderte. Turenne lehnte den Zweikampf höflich ab.

Karl Ludwig verstarb am Abend des 28. August 1680 auf der Rückfahrt von Friedrichsburg nach Heidelberg unter einem Nussbaum in einem Garten bei Edingen. Seine letzten Blicke folgten den Vögeln, die zur Stadt und zum Heidelberger Schlosse flogen und unablässig über dem unzerstörten Schlosse kreisen. Sie kündeten vom nahen Unheil der Zerstörung von Schloss und Stadt in den Jahren 1689 und 1693. In seinem letzten Brief an seine Schwester Sophie schrieb der Kurfürst, der eher ein Philosoph gewesen war als ein Kriegsstratege, umfassend gebildet und tolerant in religiösen Fragen, dass bevor sich die Erde seiner Person bemächtige, stelle er sich „beim Flug der Vögel vor, welch Vergnügen es für meinen Geist sein wird, wenn er des Körpers ledig sein und frei umherfliegen" und sein Land betrachten könne!

Bis zu ihrem Tode beschuldigte Elisabeth Charlotte, Schwägerin Ludwigs XIV., in ihren Briefen ihren verstorbenen Herrn Vater für das namenlose Elend, das der in ihrem Namen geführte Erbfolgekrieg über das blühende Land brachte. Sie war ein „politisches Opferlamm" und starb 1722 in Saint Cloud bei Paris. In ihrer Person, der Liselotte von der Pfalz, wie sie hier liebevoll genannt wird, personifizierte sich die Tragödie der Pfalz.

Der Pistolenschuss im Schloss

Karl Ludwig zählte nicht zu den gewöhnlichen Regenten seiner Zeit; er war ein eigenwilliger, aber fürsorgender, stolzer Herrscher seines Landes, der auf seine Macht bedacht war. Er reklamierte die Reichserbtruchsessenwürde für die Kurpfalz, die im Dreißigjährigen Krieg an Bayern verloren gegangen war. Der Kaiser schaffte eine achte Kurwürde, die Erzschatzmeisterwürde. Karl Ludwigs Schwächen zeigen sich mehr in seinem Privatleben als in seiner Regententätigkeit.

1650 vermählte sich Karl Ludwig standesgemäß mit der arroganten und resoluten Charlotte von Hessen. Ihre Mutter warnte den Freier vor ihrer Tochter, die doch „ziemlich widerspenstig" sei, und sie daher nicht wisse, „ob selbige Ihrer Liebden recht anständig seyn und Ihro sich gebührend accomodieren (anpassen) dörffte". Er tröstete die Landgräfin mit dem Versprechen, dass er seine Braut freundlich behandeln werde, um ihre Liebe zu gewinnen. In den ersten Jahren gestaltete sich das Zusammenleben der Eheleute auf dem Schloss recht erträglich und Charlotte schenkte ihm den kränkelnden Kurprinzen Karl und die vitale Elisabeth Charlotte. Zu den Lieblingsbeschäftigungen der Kurfürstin zählten das Reiten und Jagen sowie teure Vergnügungen, die sich aber der kleine

Hofstaat zu Heidelberg nicht leisten konnte. Charlotte kokettierte gern und versuchte, den hohen Herren die Köpfe zu verdrehen. Eifersuchtsszenen blieben nicht aus. Beim Reichstag zu Regensburg nahm sie an einer Hofjagd teil. Die Amazone stürzte dabei so unglücklich von ihrem Hengst, dass sie vor den Fürsten und Edelleuten ihren allerwertesten Körperteil entblößt zeigte. Karl Ludwig missfiel diese schmachvolle Vorstellung als weiblicher Götz von Berlichingen. Schmähungen und peinliche Beschimpfungen waren die Folge. Er soll sie öffentlich als „kahle Landgräfin" und „Landesverderberin" gescholten haben.

Unter den Hofdamen der Kurfürstin war seit dem Herbst 1652 die gebildete Jungfer Louise Degenfeld. Karl Ludwig, der verschmähte Gatte, war von den Reizen der blühenden Schönheit gefesselt. Mit herrlichen Liebesbriefen in italienischer Sprache begann die Romanze und sie gaben sich die Schäfernamen Montecelso und Rosalinde. Nach Karl Ludwigs Tod stellte sich heraus, dass er die Liebesbriefe aus einem Liebesroman abschrieb, dessen Verfasser ausgerechnet der spätere Papst Pius II. gewesen sein soll. Zu seinen Lebzeiten wäre es nicht ratsam gewesen, das Plagiat aufzudecken. Die Liebesromanze wurde durch die Heimkehr seines Bruders Pfalzgraf Ruprecht empfindlich gestört; denn Ruprecht verliebte sich Hals über Kopf in die junge Schönheit. *Auch er schrieb ihr einen glühenden Liebesbrief, der jedoch in die Hände der Kurfürstin gelangte. Die Kurfürstin, die in ihrer Eitelkeit annahm, sie sei die Angebetete, antwortete brieflich dem vermeintlichen Verehrer. Pfalzgraf Ruprecht war über die peinliche Verwechslung entsetzt und gestand seiner Schwägerin die Wahrheit. Die beleidigte Kurfürstin ließ ihre ganze Wut an der Kammerzofe aus, so dass Louise um Entlassung bat. Nachdem Karl Ludwig das böse Spiel entdeckte, verbot er seinem Bruder den Zutritt zum Schloss und entschloss sich zur Trennung von Charlotte und zur Heirat mit Louise von Degenfeld. Zum Entsetzen der Kurfürstin, die das Zimmer der Kammerjungfer inspizierte, fand sie ein Kästchen mit Ringen und einen handschriftlichen Kontrakt des Kurfürsten vom 5. März 1657, der wie folgt lautet: „Ich, Karl Ludwig, Pfalzgraf, Kurfürst, gelobe und verspreche kraft dieses, die Freiin Louise von Degenfeld, solange dieselbe oder ich lebe, beständig und getreulich über alles zu lieben, zu ehren und zu halten, wie ein Mann seiner Frau zu tun schuldig. Dessen zur Urkund hab ich dieses, wissentlich und mit gutem Bedacht, mit eigener Hand geschrieben und unterschrieben, und mit meinem gewöhnlichen Petschaft besiegelt. Karl Ludwig.“*

Die Kurfürstin geriet über diesen Fund außer Rand und Band und beschloss, ihre Nebenbuhlerin zu beseitigen. Sie lauerte Louise in den Arkaden des Saalbaues auf, um sie mit der geladenen Pistole zu erschießen. Nur durch das beherzte Eingreifen des Grafen Julius von Hohenlohe, der ihr die Waffe entwand und durch die Säulen in die Luft schoss, konnte ein Mord verhindert werden.

Der Kurfürst ließ seine Geliebte ins Schloss nach Schwetzingen bringen, wo sie vier Leibgardereiter und acht Musketiere bewachten. Ihr Bruder, ein Edelmann von altem Schrot und Korn, drängte Karl Ludwig förmlich zur Heirat. Dieser ließ sich ein Rechtsgutachten des Heidelberger Juristen Bökelmann erstellen, das die Bigamie bei Fürsten rechtfertigte. Der Kurfürst als Herr seiner eigenen Kirche sprach, nachdem seine Frau Charlotte einer Scheidung nicht einwilligte, sich selbst die förmliche Trennung aus. Die Kurfürstin harrte in ihrem Groll bis zum Jahre 1622 auf dem Schlosse aus. Danach zog sie sich vergrämt ins Schloss nach Kassel zurück und überlebte ihre Rivalin und ihren Gemahl. Sie schrieb dort auch ihr Testament, das sie als „letzten Unwillen" bezeichnete. Die Ehe Karl Ludwigs mit Louise war glücklich und mit vierzehn Kindern reich gesegnet. Er erhob sie und die Kinder in den Stand der Raugrafen.

Liselotte von der Pfalz und der Specksalat

Elisabeth Charlotte (1652 - 1721) ist die Tochter aus der unglücklichen Ehe des Kurfürsten Karl Ludwig mit Charlotte von Hessen-Kassel. Ihr Vater, Karl Ludwig, gilt als Erneuerer der Pfalz, der nach dem verheerenden Dreißigjährigen Krieg als geschickter Regent das völlig verwüstete Land wiederbelebte.

Fast alles, was wir aus dem bewegten Leben der Liselotte, Herzogin von Orléans, wissen, verdanken wir ihren Tausenden von Briefen, die sie an ihre Verwandten und Bekannten schrieb. Schreiben war, wie sie selbst sagte, ihre „grösste Occupation", ihre Leidenschaft. Ihre Briefe hat sie nie stichwortartig im Konzept entworfen, obwohl sie fast alle von Zensoren des französischen Hofes gelesen wurden. Sie schrieb sie sich von der Seele direkt auf das Papier und bekennt: „Ich schreibe, wie ich rede; den(n) ich bin zu naturlich, umb anderst zu schreiben, alß ich gedencke."

In einem ihrer vielen Briefe, datiert vom 6. Mai 1700, berichtet sie uns über ihre nächtliche Essenslust, über den Specksalat, der es ihr angetan hatte.

Die gute Jungfer Ursula Maria Kolb von Wartemberg war seit ihrer Rückkunft aus Hannover und Holland

1663 ihre Erzieherin im Heidelberger Schloss geworden. Die zwölfjährige temperamentvolle und lebens-
lustige Prinzessin musste mit ihrer Erzieherin in einem
Zimmer, dessen Fenster zur Stadtseite zeigten, schlafen. Das Vorzimmer war die Kammer ihrer Jungfern.
Die „Kolbin", so nennt sie ihre Erzieherin, verbot ihr,
nachts in die Kammer der Jungfern zu gehen, weil diese ihren heimlichen Wunsch, noch spät in der Nacht
Specksalat zu essen, erfüllten. Eines Abends versprach
Liselotte ihrer Hofmeisterin hoch und heilig, nicht über
die Schwelle zur Jungfernkammer zu treten, sie möge
sich ruhig zu Bett begeben, weil sie noch nicht schlafen könne und die funkelnden Sterne am Himmel vom
Fenster aus betrachten wolle. Doch die Kolbin traute
ihr nicht und blieb eine ganze Weile in ihrem Nacht-
tuch im Zimmer sitzen. Es tat ihr Leid und sie schlug
ihr vor, den Vorhang am Bett zu öffnen, so dass sie sie
sehen könne. Kaum war die Erzieherin im Bett eingeschlafen, da öffneten die Jungfern ganz leise die Tür
und „setzten den theller mit dem specksalat auff die
schwell; ich that alß wenn mein schnupftuch gefahlen
were, hub damit den theller auff undt ging stracks ahns
fenster", schreibt Liselotte in ihrem Brief. Kaum hatte sie davon ein wenig gegessen, schoss plötzlich die
Schlosswache unter ihrem Fenster vom Altan aus, weil
in der Stadt ein Feuer ausgebrochen war. Die Kolbin,
die sich vor Feuer so sehr fürchtete, sprang aus ihrem

Bett. Um nicht auf frischer Tat erwischt zu werden, warf Liselotte die Serviette mit dem silbernen Teller und dem köstlichen Salat zum Fenster hinaus und war nicht mehr in der Lage, „das maul abzuwischen". Zu allem Unglück kam auch noch ihr Vater in das Zimmer, um zu sehen, wo es in der Stadt brenne. Als er sie mit ihrem fettverschmierten „Maul" sah, sagte er: „Sacrament, Liselotte, ich glaub, ihr habt euch etwas ins Gesicht geschmiert!" Spontan antwortete sie: „Es ist nur Mundpomade, die ich wegen der gespalteten Lippen eingeschmiert habe." Der Kurfürst sagte darauf nur: „Ihr seid schmutzig!" Über diese treffende, doppelsinnige Aussage ihres Vaters musste Liselotte sehr lachen. Auch die Raugräfin, Louise von Degenfeld, kam ins Zimmer. Als sie durch das Vorzimmer der Jungfern lief, sagte sie laut: „Ah, wie riechts in der Jungfernkammer nach Specksalat" und der Kurfürst bemerkte: „Gell, das ist doch eure Mundpomade, Liselotte!"

Liselotte von der Pfalz und die Sprichwörter

In zahllosen Briefen hat uns Liselotte von der Pfalz Sprichwörter überliefert; sie spiegeln die Lebensweisheit und die Lebenserfahrung der Menschen ihrer Zeit. Sprichwörter und Redensarten sind anschauliche Sprachbilder, was „man" so sagte, kein Gerede. Liselotte schreibt: „Ich weiß noch alle Sprichwörter, so ich mein Leben in der Pfalz gewusst habe. Solche Lapereien behält man eher als was Rechts." Es war kein Wunder, dass sie so viele Sprichwörter wusste; denn sie erhielt sehr früh in Hannover beim pedantischen „Herr schreibmeister" Hemeling Schreibunterricht, der sie Redensarten in ihr Schönschreibheft schreiben ließ wie „was nicht zu enden stehet, lass gehen wie es gehet", und sie hat nach eigenen Angaben „fast alle Tage zu Heidelberg Sprichwörter gespielt".

Es war ihre ungeliebte Erzieherin Maria Ursula Kolb von Wartemberg, die mit drastischen Anekdoten und ihrer Vorliebe für Sprichwörter und Redensarten einen nachhaltigen Einfluss auf Liselotte ausübte. Am häufigsten zitiert sie in ihren Briefen Kolbins Binsenweisheit: „Nirgendts geht es wunderlicher zu alß in der welt!" und „Alle tag waß neues und selten waß gutts." Sah ihre Gouvernante, die Kolbin, einen der adligen Taugenichtse am Heidelberger Hofe, so pflegte sie zu sagen: „Die geben keinen gutten pfanenkuchen, denn es seindt faulle eyer undt stinckende butter." Von Liselottes pfälzischer Sprachkraft und saftiger Ausdrucksweise künden auch ihre Schimpfwörter wie *„die alt Schrunz"*, die *„alt Zott"* oder *„die alt Rompompel"*, wenn sie wütend auf ihre Widersacherin Marquise de Maintenon zu sprechen kam.

Liselotte kennt das Sprichwort *„Art läßt nicht von Art"*; es besagt, dass besondere Charaktereigenschaften der Eltern weitervererbt werden und die Redensart *„Gleich und gleich gesellt sich gern, sagte der Teufel zum Kohlenbrenner"* bringt zum Ausdruck, dass Menschen mit gleichen Interessen sich gern zusammenfinden, während *„Berg und Täler kommen nicht zusammen, aber wohl die guten Freunde"* gerade das Gegenteil behauptet. In ihrem Leben galt: *„Es ist gefährlich, große Flüsse und große Herren in der Nachbarschaft zu haben, denn sie knagen (knappern) als was ab"* und tröstet sich mit dem Spruch: *„Gott verläßt keinen Teutschen; er läßt ihn nur etlichemal leiden!"* oder allgemeiner ausgedrückt: *„Es muß woll etwaß sein, so den himmel helt; sonst fiel er!"* Sie kennt auch die Redensart *„Hoffart kommt vor dem Fall"*, die ausdrückt, dass übertriebener Stolz, Eitelkeit und Übermut Unglück bringen. Und weil alles im Leben immer nur von kurzer Dauer sei, heißt es: *„Aprilenwetter, Jungfernlieb und Rosenblätter währen nicht lang"*. Oft muss man aber auch Geduld aufbringen, dann lautet das Sprichwort: *„Jed' Ding will gute Weile haben oder mit der Zeit kommt Jean ins Wammes (Weste), er zog aber* sieben Jahr an einer Mau (Ärmel)." *Liselotte nahm kein Blatt vor das Maul, wenn sie schreibt: „Wo der Teufel nicht hinkommen kann, da schickt er ein alt Weib hin"; es will sagen, dass kein Unglück alleine kommt. Und das Sprichwort sei wohl wahr, „dass es besser bei Löwen und Drachen zu wohnen ist als bei einem bösen Weib." Manchmal muss man auch mitmachen, obgleich man doch gar nicht will: „Wenn man bei den Wölfen ist, muss man mit ihnen heulen. Gegen Wind und Wetter kann man nicht. Des Brot ich eß, des Lied ich sing." Andererseits will das Sprichwort „Untreue schlägt seinen eigenen Herrn" zum Ausdruck bringen, dass derjenige, der sich seiner Gesinnung, seinem eigentlichen Wesen untreu wird, sich selbst schadet. Als der Zar Peter bei einer Besuchsreise an den Höfen seine Untertanen verteidigte und hinwies, dass Russen doch keine Barbaren seien, war Liselottes Kommentar: „Darauf kann man wohl das Sprichwort anwenden, so Jungfer Kolbin als sagte: Hinter dem Berg sind auch Leute."*

Gelegentlich verbesserte sie auch ein Sprichwort, das man ihr mitteilte: „Zu meiner Zeit sagte man in der Pfalz das Sprichwort nicht, wie jetzt und wie Ihr es schreibt, dass, wenn's den Leuten zu wohl geht, so fangen sie was an, sich zu verderben. Man sagt: Wenn's der Geiß zu wohl geht, so geht sie aufs Eis und bricht ein Bein."

Des Kurfürsten Albtraum

Es war bald Mitternacht und nur noch eine Kerze des silbernen Leuchters gab ein fahl-flackerndes Licht im Schlafzimmer des Kurfürsten ab. Kurfürst Karl II. (1651 - 1685), Bruder der Elisabeth Charlotte, war endlich nach mehreren Fieberattacken eingeschlafen. Der Leibarzt Winkler saß still im Sessel des Schlafzimmers und beobachtete seinen Patienten, der immer noch den Kopf unruhig hin- und herwiegte. Auch Winkler war müde geworden und wollte gerade einnicken, als der Kurfürst plötzlich mit weit aufgerissenen Augen in einem Fieberanfall empor fuhr und danach in die Kissen zurückfiel. „Dann wird die Pfalz am Rhein verloren sein", schrie er und sprach dann müde: „Wehe dir Pfalz, was für eine Menge fremder Truppen! Welches Lärmen und Gedränge!" Der Leibarzt erschrak über das krankhafte Geschehen und die deutlich ausgesprochenen Worte, welchen er keinen Sinn abgewinnen konnte. Und doch enthielten seine Sätze die Weissagung zu seinem Land.

Fünf Wochen nach diesem Vorfall erlosch um die Mittagszeit des 16. Mai 1685 das abgezehrte Leben des Kurfürsten, ohne einen Erben zu hinterlassen. Mit seinem Tod endete die Simmernsche Linie des Pfälzischen Hauses. Seit im Westfälischen Frieden die alte Reichslandvogtei über das Elsaß Frankreich zugesprochen worden war, grenzte die Pfalz unmittelbar an Frankreich. Ludwig XIV. suchte unter dem Anschein des Rechts Erbansprüche auf die Pfalz im Namen der Herzogin von Orléans, Elisabeth Charlotte, geltend zu machen, obwohl bei ihrer Heirat mit dem Dauphin ausdrücklich auf Erbansprüche verzichtet wurde. Über die Pfalz brach der berüchtigte Orléansche Erbfolgekrieg herein. Im März 1689 sprengten Ezechiel Mélac und seine Kriegsleute den Dicken Turm des Schlosses, der unter furchtbarem Lärm nach der Stadtseite abstürzte. „Er legte seine Kron', das Dach, mit Seufzen ab, und ward von Staub und Dampf getragen hin zu Grab', als ihm die dritte Min' gab seinen letzten Stoß", reimte sinnfällig ein Romantiker. Seit Tagen brannten Schloss und Stadt. Die hölzerne Neckarbrücke war zerstört, die umliegenden Dörfer verwüstet. Erst das Herannahen der kaiserlichen Truppen bewog ihn, seiner plündernden Soldateska den Rückzug zu befehlen. 1693 vollendeten die sengenden Horden des Sonnenkönigs in Heidelberg ihr brennendes Werk und schreckten selbst vor den Grabstätten der Pfalzgrafen nicht zurück. Was 1689 nicht zerstört werden konnte, wurde nun dem Erdboden gleichgemacht. Im bereits verfallenen Schloss wurde nun der Krautturm gesprengt. Einzig das Haus zum Ritter und die Providenzkirche, damals noch ohne Turm, sind uns aus dieser Zeit geblieben. Heidelberg war ein elender und trauriger Trümmerhaufen.

Heribert Rau hat diese sagenumwobene Weissagung des Kurfürsten in dem Gedicht „Die Ahnung" wiedergegeben.

> *Ich saß in meinem Speisesaal*
> *Und aß, wie stets, allein,*
> *Da tönt der mitternächt'ge Schlag*
> *Durchs Fenster dumpf herein.*
> *Und wie der letzte Schall erstirbt,*
> *Da wird so bang es mir,*
> *Und eine Stimme hohl und tief,*
> *Ruft: „Wehe Pfalz! Weh' dir!"*

> *Ich hab in mancher heißen Schlacht*
> *Den Tod schon angeschaut,*
> *Es hat mir nie vor seiner Macht,*
> *Vor seinem Ruf gegraut.*
> *Doch dieser Stimme Grabeston*
> *Die dreimal ich gehört,*
> *Hat meinen Mut, hat meine Kraft,*
> *Mein ganzes Mark verzehrt.*

> *Es drang der Ruf aus jener Welt*
> *Mir tief ins Herz hinein –*
> *Bald wird die schöne stolze Burg*
> *Ein Scheiterhaufen sein!*

Der Pfalzgraf sprachs und schleicht davon,
Das Herz ward ihm zu schwer;
Das Leben ward ihm öd' und kalt,
Er lächelte nie mehr!

Der junge Kurfürst war von schwächlicher Natur, ein frömmelnder Melancholiker, der sich dem Theaterspiel mehr zuwandte als dem Regieren seines Landes, das er borniertien calvinistischen Regierungsbeamten überließ. Er fühlte sich in Masken und Kostümen glücklich. Eine weitere infantile aber kostspielige Leidenschaft waren Kriegsszenarien, mit denen er sich an wahnhaften Scheingefechten berauschte. Im Sommer 1684 verkleidete er sich mit seinen Höflingen, den Heidelberger Studenten und den Soldaten als Türken und Kaiserliche und verteidigte in einem Kriegsspiel die Festung Eichelsheim. Die glühende Hitze und die sumpfigfeuchte Gegend des Rheins ließ unter den Spielern Krankheiten ausbrechen. Der kränkelnde Fürst hatte sich selbst mit einer heimtückischen Krankheit infiziert und musste mit heftigen Fieberanfällen auf das Schloss gebracht werden. Am 12. September 1684 errichtete Karl sein Testament, in dem er seine katholischen Nachfolger aus dem Hause Pfalz-Neuburg anweist, „Wir wollen und wünschen insbesondere, dass man keine Änderung und Neuerung vornehme, was die Religion betrifft, und dass niemand belästigt und verfolgt werde." Unerklärlich bleibt, dass er den Testamentsvollstreckern, nämlich dem Kurfürsten von Brandenburg, dem Herzog von Hannover und dem Landgrafen von Hessen-Kassel sämtliche Kanonen und Feuerwaffen, die in den pfälzischen Magazinen lagerten, vermachte. Damit schädigte der Unglückliche die pfälzische Verteidigung und erleichterte dadurch die Einnahme der Kurpfalz durch französische Truppen. „Zwischen Selbstbelügung und Wahrtraum endet in seinem 35. Jahr der letzte Simmersche Fürst", schreibt Richard Benz in „Heidelberg, Schicksal und Geist".

Der Fluch

Brigadier Mélac befahl am 2. März 1689 Schloss und Stadt abzubrennen. Überall wurde Feuer gelegt. Fehlte das Stroh, so nahmen die Dragoner die strohgefüllten Betten und zündeten damit die Häuser an. Alles Flehen und Heulen der Einwohner halfen nichts. Eine alte Frau, die Zuflucht und Trost in der Heiliggeistkirche suchte, rannte laut schreiend und weinend über den Marktplatz, wo gerade der Brigadier und seine Dragoner mit Entzücken ihrem feurigen Werk zusahen, als die Flammen aus dem Rathaus schlugen und der brennende Giebel herabstürzte. Mit erhobener Hand verfluchte sie ihn und seine bestialisch hausenden Horden: „Vermaledeit seist du mit deiner Mordbrut und deinem Königshaus. Die Teufelspest soll euch holen!" Ihr Fluch hatte sich nach genau hundert Jahren erfüllt. 1789 brach mit der Erstürmung der Bastille die Französische Revolution aus. Das französische Volk vertrieb den Adel und ließ den in Saus und Braus lebenden König Ludwig XVI. und seine Frau Marie Antoinette hinrichten. Barbarisch wütete die Guillotine im ganzen Land.

In der Kurpfalz pflegte man böse Wachhunde nach dem „Mordbrenner Mélac" zu benennen; denn die Geschichte der Pfalz kennt nur wenige solcher menschlichen Ungeheuer. Von ihm, der nach der Verwüstung der Pfalz

als französischer Kommandant in Landau lebte, erzähl-
te man, dass er gewöhnlich mit großen Doggen in der
Festung ausging und eine Freude empfand, wenn seine
Doggen brave Leute anfielen. Auch das Wort „Lakl", ein
Mensch ohne Manieren und Geist, soll sich von seinem
Namen ableiten. Ein altes Gedicht auf ihn lautet:

> Wer braust heran auf wildem Fuchs*
> Begleitet von zwei Doggen?
> Ein Unhold an Gebärd' und Wuchs,
> Man huldigt ihm erschrocken.

> Der Mélac ist's, der Wüterich.
> Oh flieht den welschen Tiger,
> Des Teufels Bruder nennt er sich,
> Das macht ihn stets zum Sieger.

> Die Riesendoggen, die er führt,
> Das sind zwei Höllenhunde,
> Durch deren Macht er Schätze spürt
> Im tiefsten Kellergrunde.

> Oh flieht, des Teufels Bruder naht;
> Er brennt euch alles nieder,
> Und wo sein Fuß die Erde trat,
> Wächst nie ein Gräslein wieder.

* Pferd mit rötlichbraunem Fell

142

Mélac, der schon jung in die königliche Armee eintrat, soll sich durch soldatische Strenge, Herzlosigkeit und Frivolität ausgezeichnet haben. Mit einem barbarischen Lächeln habe er sich selbst als einen „Bruder des Teufels" bezeichnet. Über Mélacs gründliche Verwüstung der Pfalz schrieb Elisabeth Charlotte, Herzogin von Orléans: „Ja ich habe einen solchen abschew vor alles so man abgesprengt hatt, daß alle nacht, sobaldt ich ein wenig einschlaffe, deücht mir, ich sey zu Heydelberg oder zu Manheim undt sehe alle die verwüstung, undt dann fahr ich im schlaff auff undt kann in 2 gantzer stunden nicht wider einschlaffen; dan kompt mir in den sinn, wie alles zu meiner zeit war, in welchem standt es nun ist, ja in welchem stand ich selber bin, undt dan kann ich mich des flenens nicht enthalten..."

Was 1689 nicht zerstört wurde, holten die Truppen des „allerchristlichen" Königs von Frankreich im Mai 1693 nach. Nach der Einnahme der Stadt machten sie etliche 100 Mann zu Kriegsgefangenen und wer sich nicht auf das Schloss retten konnte, wurde „jämmerlich niedergehauen, gestossen, erbärmlich geprügelt, nackend ausgezogen oder sonsten grausamlich tractiret, geplündert, einige Weibsleuthe öffentlich geschändet, ermordet und folgends die Stadt in Brand gesteckt", liest man in einer gedruckten Schrift aus dem Jahre 1693. Nachdem der feige Schlosskommandant Heddersdorf ohne Verteidigung das

Schloss an die Franzosen übergab, erfolgte der letzte Teil des Trauerspiels: Mit dem eigenen Pulver wurden der Krautturm und Seltenleer, die Kasematten der Ostseite und die Brücke über den Graben gesprengt. Der Krautturm wurde bei der Sprengung in zwei Hälften gespalten. Die losgesprengte Turmhälfte sank unzertrümmert in den Burggraben. Am Fuß des gesprengten Turms spendet der Fürstenbrunnen frisches, sauberes Quellwasser, das im 18. Jahrhundert als Trinkwasser für den kurfürstlichen Hof in Mannheim geholt wurde. „Der Ottheinrichsbau wurde zwar durch die Minen in die Höhe gehoben, setzte sich aber ohne sonderliche Beschädigung widerumb an seinen vorigen Orth, undt die meisten Minen thaten nicht ihren Effect", dennoch brannte der Dachstuhl des prachtvoll ausgestatteten Renaissancepalastes aus und zwei steinerne Löwen, die sich an den Giebeln befanden, stürzten herab. Nicht nur in Deutschland, auch in Frankreich vernahm man mit Entsetzen und Empörung das Vorgehen.

Ein Freund des zerstörten Schlosses, den die Französische Revolution ausspuckte, erstand – welche Ironie der Geschichte – in Graf Charles François de Graimberg. Von der Erhabenheit und der Schönheit des Schlosses ergriffen, entschloss er sich, zum Wächter und Bewahrer der Schlossruine zu werden. Hierzu bezog er ein Zimmer über der Sonnenuhr am gläsernen Saalbau, um den gan-

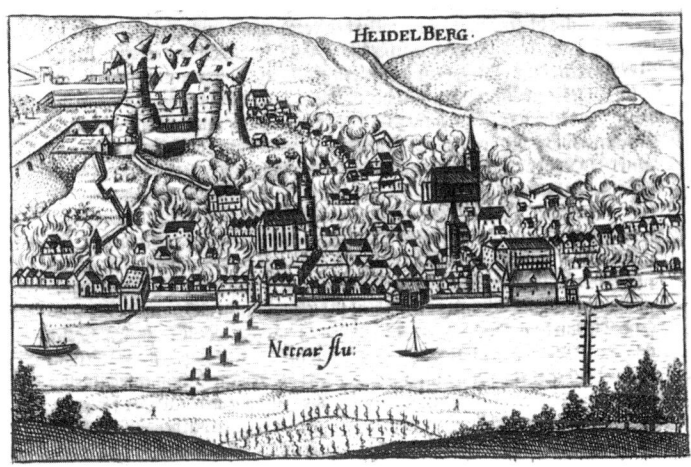

zen Schlosshof überblicken zu können. Mutig verjagte er die Plünderer und widersetzte sich den großherzoglichen Bauinspektoren, welche die „vielfältigen, geschmacklosen und ruinösen Verzierungen" nicht erhalten, sondern zu Geld machen wollten. Als man das alte Pflaster des Schlosshofes entfernen wollte, widersprach er mit Entschiedenheit. Dem Hof könne ebenso wenig seine ursprüngliche Bausubstanz genommen werden, als dem Ottheinrichs- oder Friedrichsbau Teile ihrer Außenfassade. Er zeichnete eine Menge von Schlossansichten, die er in Kupfer stechen ließ und vertrieb. Die schönen Kupferstiche tragen bis heute zur Popularität des Heidelberger Schlosses in der ganzen Welt bei. Helmina von Chézy schreibt über Graimberg: „Ich fand ihn wieder, wo ich ihn verlassen hatte, an seiner Staffelei. Die Schloßruine und die Gegend von Heidelberg waren ihm, was einem frommen Rittersmann die Dame seiner Gedanken, seine Welt, sein Leben, sein Einziges und Alles." Mit Recht wird er „der Vater des Heidelberger Schlosses" genannt. Nur seiner Fürsorge, seinen Zeichnungen und seinem Wachrütteln verdanken wir das heutige Bild vom Schloss, welches ohne ihn zur Steinwüste geworden wäre. Der Gartenbaudirektor Metzger verwandelte die Wildnis beim Schloss in einen wieder begehbaren Schlossgarten, welchen Forstrat und Professor Christoph Wilhelm Jakob Gatterer mit in- und ausländischen Bäumen und Pflanzen aufforstete und zu einem Park anlegte, der 1808 zum „öffentlichen Spaziergang" freigegeben wurde.

Die Ballade vom Pfalzgrafen Friedrich Wilhelm

Bei der Person in der Ballade „Der Pfalzgraf" aus dem zweiten Band „Des Knaben Wunderhorn" handelt es sich um Friedrich Wilhelm von Neuburg, der bei der Belagerung von Mainz durch die französischen Truppen des Sonnenkönigs Ludwig XIV. am 23. Juli 1689 beim Besichtigen der Laufgräben „von einer Falconeten Kugel" am Kopf getroffen wurde und auf der Stelle tot war. Er ist einer der Söhne des Kurfürsten Philipp Wilhelm (1615 - 1690). Mit Kurfürst Karl II., dem Bruder der Elisabeth Charlotte, Herzogin von Orléans, starb 1685 die Linie aus dem Hause Simmern aus. In die Erbfolge trat nun Philipp Wilhelm von der katholischen Linie Pfalz-Neuburg ein, der 1687 seinem ältesten Sohn Johann Wilhelm die Statthalterschaft in den Kurlanden übertrug. In den Jahren der Kriegsnot ließ sich Johann Wilhelm in Heidelberg nicht blicken; „Jan Willem" residierte von Düsseldorf aus. In seiner Ära begann sich das architektonische Bild Heidelbergs zu verändern; der neue Baustil des Barock prägt seitdem Häuser, Brunnen und Denkmäler. Selbst die Heiliggeistkirche erhielt einen barocken Turmaufsatz. Johann Wilhelm führte in der Kurpfalz die Rekatholisierung ein, die zu heftigen politischen Auseinandersetzungen führte.

147

„Es reitet die Gräfin weit über das Feld,
Mit ihrem gelbhaarigen Töchterlein fein,
Sie reiten wohl in des Pfalzgrafen sein Zelt,
Und wollen fein fröhlich und lustig seyn.

Frau Gräfin, was jagt ihr so früh schon hinaus?
O reitet mit Eurem fein Liebchen nach Haus,
Der Pfalzgraf kommt selber gleich zu euch hinab,
Sie tragen ihn morgen hinunter ins Grab:

Es hat ihn eine Kugel so tödtlich verwundt,
Da starb er sogleich in der nämlichen Stund,
Da schickt er dem Fräulein ein Ringelein fein,
Soll seiner beim Scheiden noch eingedenk seyn.

Hat dich o Pfalzgraf, die Kugel getroffen,
Wär' ich viel lieber im Neckar ersoffen;
Trägt man den Liebsten zum Kirchhof herein,
Steig ich wohl mit ihm ins Brautbett hinein.

Will reichen ihm meinen jungfräulichen Kranz,
Will sterben und scheiden von Güter und Glanz;
Lieb Mutter, setz Du mir den Kranz in das Haar
Auf daß ich schön ruhen kann auf der Bahr.

Steck mir an den Finger das Ringlein fein,
Er mit mir soll liegen ins Grab hinein,

Ein schneeweißes Hemdelein zieh du mir an,
Auf daß ich kann schlafen bei meinem Mann.

Auf Töchterleins Grab sollst legen ein Stein,
Drauf sollen die Worte geschrieben seyn:
Hier ruhet der Pfalzgraf und seine Braut;
Da hat man den beiden das Brautbett gebaut."

Das Lied vom „Pfalzgrafen" wurde wahrscheinlich von Auguste von Pattberg verfasst und erschien am 6. Februar 1807 in der Badischen Wochenschrift. Bei dem schwäbischen Pfarrer und Lyriker Eduard Mörike (1804 - 1875) taucht im Gedicht „Zwei Kameraden" das romantische Schlussmotiv ähnlich auf.

Perkeo, Fasskönig, Ritter und Kammerherr

*Als im Mai 1717 Karl Philipp, der kaiserliche Statt-
halter von Tirol, Innsbruck verließ, um als Kurfürst in
Heidelberg sein Erbe anzutreten, war in seinem Gefolge
eine merkwürdige Person, der Zwerg Clementel.*

*Bereits in archaischer Zeit finden wir Zwerge in rei-
chen Haushalten, und im Mittelalter ist bezeugt, dass
der Anblick von Zwergen die Menschen ergötzte. Doch
das war offenbar nicht der Grund, dass der kleinwüch-
sige Clementel von Kurfürst Karl Philipp als Hofnarr
in den Dienst genommen wurde, sondern sein un-
mäßiger Durst, seine Trinkfestigkeit, sein schalkhafter
Spott und seine parodierenden Späße.*

*Aufmerksam wurde er auf ihn durch Baron von
Pöllnitz, der beim Wetttrinken mit dem Tiroler Zwerg
verloren hatte und stockbetrunken ins Innsbrucker
Schloss geschleppt werden musste. Karl Philipp ließ
den 1,10 Meter großen Zwerg an den Hof rufen, um
ihn kennen zu lernen. Der Kurfürst war ein großer Zecher und sie vereinbarten, wenn er auch ihm
gegenüber gewinnen würde, erhielte er die künftige
Stelle als Kellermeister und Fasskönig im Heidelberger
Schloss. Karl Philipp verlor die Wette und verlieh ihm
den Titel „Lustiger Rat".*

Clementel soll am 1. April 1702 in Salurn das Licht der Welt erblickt haben. Doch dieses Geburtsdatum lässt sich, wie vieles in seinem Leben, nicht belegen.

In Innsbruck ging er bei einem Knopfmacher in die Lehre und sprach, wie es in den Grenzländern üblich ist, Deutsch und Italienisch. Doch das Handwerk des Knopfmachers konnte ihn nicht ernähren; er übernahm Gelegenheitsarbeiten und war stets zu Streichen aufgelegt. Auch sein Todestag und -jahr hat er uns verschwiegen. Man nimmt an, dass er mit 33 Jahren im Jahre 1735 in Schwetzingen, nachdem er ausgerechnet ein Glas Wasser trank, von diesem „Katzenjammertaldasein" in die Ewigkeit abberufen wurde, auf gut pfälzisch, er hat sich die „Gorgel abgsoffe". Sein Name „Perkeo" rührt daher, dass er auf die Frage des Kurfürsten, ob er das Heidelberger Fass leertrinken könne, italienisch geantwortet habe „perché no?" (warum nicht?).

Victor Scheffel (1826 - 1886) setzte Perkeo im „Trompeter von Säckingen" ein literarisches Denkmal, wo er seine Person in die Zeit nach dem Dreißigjährigen Kriege verlegte und im Kommersliederbuch „Gaudeamus" wird er schelmisch in den Versen verherrlicht:

Das war der Zwerg Perkeo
im Heidelberger Schloss,
an Wuchse klein und winzig,
an Durste riesengroß.

Man schalt ihn einen Narren,
er dachte: Liebe Leut,
wärt ihr wie ich doch alle
feuchtfröhlich und gescheut!

Und G. A. Müller dichtete in Anlehnung an Scheffel:

Zu Heidelberg im Schlosse,
Beim großen leeren Faß,
Da raunten Kellergeister,
Ins Ohr mir einen Spaß.
Sie zeigten mir des Zwergen,
Perkeo kleines Bild:
Schau, dieser Knirps soff heimlich,
Was einst ein Herbst gefüllt!

Die Holzfigur, die auf einem Uhrkasten im Keller des Schlosses gegenüber dem großen Fass steht, zeigt ihn als kurfürstlichen Kellermeister. Wer neugierig am Draht des Uhrkastens zieht, dem fährt beim Klingelton ein Fuchsschwanz ins Gesicht und erinnert damit an die alte Metapher „fuchsschwänzeln", was so viel wie

schmeicheln, einem nach dem Munde reden oder heuch-
lerisch freundlich tun bedeutet. Es wird erzählt, dass
Perkeo den Uhrkasten mit der Holzfigur selbst entwarf,
weil er als Narr am Hofe nicht fuchsschwänzeln musste.
Leider ist die heutige Figur nur eine Kopie, denn das

Original ging bei einer Renovierung, wie zu erwarten
war, bis heute verloren. Den Besuchern möchte er mit
seiner Gestik sagen:

> *„Die Wahrheit liegt im Weine.*
> *Beim Weinschlurf sonder End,*
> *Erklär' ich alter Narre*
> *fortan mich permanent."*

Neben dieser Holzstatue gibt es von ihm noch zwei
Bilder. Das berühmte Bild des Hofmalers Adriaen van
der Werff zeigt Perkeo prächtig aufgeputzt mit Schärpe,
Kellerschlüssel und „Sauforden", mit feuerroter Perücke
und Dreiliterhumpen als kurfürstlichen Kammerherrn
und Ritter, der mit dem Daumen in seiner Nase bohrt.
Das zweite Bild eines unbekannten Malers zeigt ihn mit
weißer Perücke und seinem Mandrill Ruperto.

Als ein baumlanger Kavalier ihn mit der Bemerkung
aufzog: „He, Marquis Däumling, gib mir einen
Bruderkuss, ohne dich auf den Stuhl zu stellen",
konterte er mit dem allbekannten Sprichwort des Götz
von Berlichingen und fügte hinzu: „Doch ohne dich
zu ducken, du Giraffen-Hengst!"

Bei einem Festessen habe er zum Entsetzen einer ge-
genübersitzenden vornehmen und eitlen Tischdame

einen Frosch aus einer Pastete hüpfen lassen. Sie beschwerte sich daraufhin beim Kurfürsten und soll die Tafel beleidigt verlassen haben. Dem Kurfürsten soll es gerade recht gewesen sein.

Als der eitle Doktor Helmreich im neuen Anzug im Schlossgarten umherging, zog Perkeo in aller Eile seinen goldbestickten Brokatmantel an, ging auf den Doktor zu und sagte: „Lass uns doch die Röcke tauschen!" „Wozu", fragte der Doktor. Perkeo antwortete frech: „Damit du siehst, wie schnell ich in den Augen der Welt ein großer Medicus und du ein kleiner Narr wärest."

Ein andermal eilte ein kurfürstlicher Beamter, der nicht gerade als fleißig bekannt war, schon früh am Morgen zum Kurfürsten. Im Vorzimmer traf der antichambrierende Beamte auf Perkeo. Er fragte ihn, ob seine Durchlaucht gut aufgelegt und ausgeschlafen sei. Perkeo erwiderte: „Du willst ein kluger Beamter sein und fragst, ob der Pfalzgraf schlafe. Wenn er es täte, wer würde dann für sein Land und für seine Untertanen wachen? Ein Fürst muss wachen, damit faule Narren schlafen können!"

155

Aus den Memoiren des
Charles-Louis Baron de Pöllnitz

1735 erschienen die Memoiren des Barons von Pöllnitz in französischer Sprache, der damaligen Sprache des Adels. In seinen Lebenserinnerungen berichtet er von seinen Reisen, die ihn an alle großen Fürstenhöfe Europas führten.

1719 war er Gast des Kurfürsten Karl Philipp (1661 - 1742). An der Tafel fragte ihn der Kurfürst höflich, ob er auch schon das Große Fass gesehen hätte. Da er die Frage verneinte, beschlossen die Herrschaften, nach dem Mahl den Willkommenstrunk auf der Galerie des Großen Fasses auszuführen. Dem Baron wurde ein großer Pokal aus feuervergoldetem Silber mit beträchtlichem Inhalt gereicht. Sichtlich überrascht bat er den Kurfürsten, diesen überaus großen Kelch langsam und mit einigen Pausen leeren zu dürfen. Die Bitte wurde bewilligt. Einen Teil des Weines schüttete er unbemerkt auf den Kellerboden und trank nur noch den kleinen Rest. Doch schon wieder füllten die Pagen den Pokal aufs Neue. Plötzlich merkte er, dass er beschwipst war. Die Damen nippten an ihren Gläsern und erwarteten, dass er mit großen Zügen sich des Pfälzer Weins erfreue. Seine Beine wurden weich wie Gummi und das Sprechen wurde mühevoller. Da half nur, dass er sich zurückzog. An der Kellertüre standen zwei Schlossgardisten, die ihm mit gekreuzten Hellebarden den Ausgang verwehrten. Er beschwor sie, ihn durch zu lassen, aber seine Worte blieben ungehört.

So verkroch er sich unter dem Großen Fass, um dort seinen Rausch auszuschlafen. Der Kurfürst bemerkte seine Flucht und der Graf hörte noch wie er sagte: „Wo ist er? Was ist aus ihm geworden? Man soll ihn mir suchen und wieder bringen." Die Türhüter wurden vernommen und sie sagten, dass er vor wenigen Minuten hier gewesen sei, um fort zu gehen. Die Pagen suchten den ganzen Keller ab und fanden ihn unter zwei Brettern. Die Hellebardisten brachten den verlegenen Baron zum Kurfürsten. Nun hielt die Gesellschaft Gericht über den ausgebrochenen Zecher. Die schöne und geistreiche Prinzessin Elisabeth Auguste und ihre Zofen wurden als Richterinnen berufen. Der Baron wurde verurteilt, so lange zu trinken, bis er umfalle. Der Kurfürst milderte das harte Urteil ab, so dass er nur noch vier große Gläser auszutrinken habe und an den folgenden vierzehn Tagen an seiner Tafel nach der Suppe mit einem vollen Glas Pfälzer Wein auf seine Gesundheit anstoßen müsse. Er nahm bereitwillig das Urteil an und verlor an diesem Tage für einige Stunden Sprache und Besinnung. Der Baron schreibt: „Am nächsten Tag hatte der Kurfürst die Güte zu mildern, was mir noch von meinem Urteil zu erfüllen blieb; er befreite mich von der Aufgabe, zu der ich verurteilt worden war und hielt sich an das Wort, das ich ihm gegeben hatte, einen Monat lang an seiner Tafel zu speisen." Vom grobianischen Zutrinken bis zum Umfallen war man der höfischen Etikette wegen abgewichen, aber nach „pfälzer Art", wie man zu sagen pflegte, haben die Fürsten, Edelleute und Hofbeamten immer noch ihre Becher erhoben.

Schicksalhafte Blitze 1537 - 1764

Seit Urzeiten sind Blitze und Donner faszinierende, zugleich aber Furcht einflößende Naturerscheinungen. In der Mythologie ist der Blitz das Feuer der Götter. Der germanische Gott Thor oder Donar benutzte den Blitz als Waffe gegen Dämonen, Riesen, Trolle und Elben und schützte damit die Menschen. Mit Hilfe der Blitze zürnten und bestraften die antiken Götter meineidige und frevelnde Menschen, vor allem jene, die heilige Bezirke entweihten. Auch in der christlichen Mythologie wirkte der Blitz in Gotteshand bis ins 18. Jahrhundert strafend und warnend. Und glaubt man der Genesis, so folgte das erste Gewitter nach dem Sündenfall.

Der 25. April 1537 ging als ein furchtbarer „Schreckenstag" in die Annalen Heidelbergs ein, weil das alte obere Schloss, das von den Wormser Bischöfen als Burg angelegt war, bis auf die Grundmauern zerstört wurde. Der erste Pfalzgraf, der hier eingezogen war, war Konrad von Hohenstaufen. Die Burg lag bei der heutigen Molkenkur. Von ihr ist allerdings nichts mehr zu sehen, nicht einmal die Grundmauern. Heute erinnert hier lediglich ein Stein an diese Burg, die auf einem Holzschnitt in Sebastian Münsters Kalendarium Hebraicum aus dem Jahre 1526 dargestellt wird. Die Steininschrift lautet: „Hier stand das alte Heidelberger

159

Schloss urkundlich zum ersten Mal erwähnt im Jahre 1225, als obere Burg im Jahre 1303, durch Blitzstrahl zerstört am 25. April 1537."

J. Mycillus berichtet als Zeitzeuge in schwelgenden Worten, breit ausmalend, auch teilweise überzogen formuliert, über den Schreckenstag in einem Brief an seinen Freund Camerarius: „Es war am Tage, den wir nach der Väter frommer Sitte durch heilige Gebräuche feiern und schon neigte sich die Sonne zum Untergange. Da plötzlich hüllt sich der Himmel in Nacht; ein dumpfes Getöse in den Wäldern verkündigt den nahen Orkan und unruhig bewegen sich die Wellen des Neckars. Bald bricht der Sturm in fürchterliches Heulen aus, alle Winde sind entfesselt und jagen die kreisenden Wolken, wirbeln den Staub auf und reißen Alles mit sich hin. Der Tag erlischt, das Auge vermag nichts mehr zu unterscheiden, Herden und Menschen fliehen der Stadt zu. Jeder sucht zitternd einen sicheren Zufluchtsort. Blitze durchzucken die Finsternis und immer schrecklicher brüllt der Donner in den Bergen.

Am Neckar auf sanftem Hügel erhebt sich die alte Pfalz (Burg), die einst von Ruprecht erbaut worden (historisch falsch!), als er die Fascen (Königswürde) des römischen Reiches trug und den hohen Dom

160

(Heiliggeistkirche) gründete und die geheiligten Sitze der Musen (Universität). Etwas tiefer, auf einer mäßigen Höhe, steht die neue Fürstenwohnung (heutiges Schloss) mit den gewaltigen Mauern und unter ihr reiht sich am grünen Stromufer die freundliche Stadt hin, wenn mildere Zeiten ihr günstig sind. In dieses Tal schloss der Sturm die Wolken ein zwischen den Gipfeln der Berge, und da der Ost- und der Westwind zugleich wüteten, blieb ihnen kein Ausgang. Blitze loderten durch das nächtliche Dunkel, wie die Flammen eines brennenden Gebäudes, und so gewaltig waren die Schläge des Donners, dass des Himmels Gewölbe zu bersten drohte. Auch die Erde geriet in Aufruhr; der Neckar kochte in seinen erbebenden Ufern.

Am Ende der alten Pfalz (Burg) ragt eine Warte (Turm) hervor, das weite Land zu überschauen. Hier lag eine unermessliche Menge des Pulvers verwahrt. Ein Donnerschlag, das Gebirg rings umher zittert zusammen, die Mauern des Thurms spalten sich, der zündende Strahl fällt in die Tonnen (Pulverfässer), die Erde bebt, der Hügel wankt, das Schloss liegt am Boden, Balken und Steine fliegen in die Stadt herab, Türen und Fenster springen aus ihren Angeln, Häuser stürzen ein und begraben ihre Bewohner; betrübt flieht, wer sich noch flüchten kann, doch weiß er nicht wohin. Einige bergen sich in Kellern, Andere rennen ins Freie,

161

stumm vor Entsetzen schmiegen sich die Kinder in den Schoß ihrer Mütter; ganze Familien flüchten aus ihren Behausungen und geben ihr Eigentum preis; Viele stehen wie an den Boden geheftet, starr und besinnungslos. Aber auch Viele fanden ihren Tod in der Zerstörung und erst das wiederkehrende Licht machte die Verwüstung recht sichtbar."

Nichts ist hier von Zeichen des Himmels oder von Gottes Zorn zu vernehmen! Und zwischen den Zeilen können wir lesen, dass die Welt eben nicht mehr als irdische Sphäre der göttlichen Ordnung anzusehen ist. Mycillus ist ein Vertreter des neuen Humanismus.

Ganz anders der 24. Juni 1764, als Carl Theodor das Schloss seiner Vorgänger besuchte.

Das Geläut der Glocken, die Erinnerung an die vergangene Herrlichkeit und der Zauber der malerischen Umgebung machten auf den Kurfürsten einen starken Eindruck. Er wollte das alte ehrwürdige Schloss zur zweiten Sommerresidenz aufbauen. Schon war alles zum Empfang festlich bereitet, als am Morgen dieses schicksalhaften Tages der Blitz zweimal hintereinander in den bewohnbaren Saalbau, auch als Neuer Hof bezeichnet, einschlug und das Schloss in Flammen setzte. Der Gläserne Saalbau, 1549 von Friedrich II. errichtet, brannte bis auf die Kellergewölbe vollständig aus. Auch der Ottheinrichsbau und der daran anschließende Ludwigsbau wurden ein Raub der Flammen. Das Feuer war so heftig, dass im achteckigen Glockenturm die von Carl Theodor gestiftete große Glocke schmolz. Der Kurfürst glaubte, hier ein Zeichen des Himmels zu sehen. Seine Pläne wurden durch den Feuer speienden Finger Gottes vernichtet. Das Schloss wurde endgültig zur Ruine. Nie sollten mehr Fürsten hier Hof halten und die „heilige Einsamkeit des Schlosses" stören. Dem Geist der Dichtung und der Kunst hat es sich für künftige Zeiten geweiht und die Neuromantikerin Gertrud von Le Fort (1876 - 1971) reimt ihm zu Ehren:

Du aber droben am Berg,
Du schönes Wunder einer zertrümmerten Pracht,
Wie hast du dein Schicksal bestanden!
Wie groß trugst du es aus, wie zauberisch ging es ein
In deines neuen Daseins liebliche Ordnung.
...noch immer verwaltest du tief im Erinnern
das Unvergessliche,
Immer noch schimmert um deine verwundete Stirn
der Glanz des Verlorenen,
Aber nichts heimweht zurück,
Und nichts empört sich wider die finstre Erfahrung –
Schwermutlos, ganz ins Verbliebene eingezaubert,
Ganz holde Gegenwart und heitres Vertrauen
Ins Schöpferische noch der zerbrochenen Kraft.

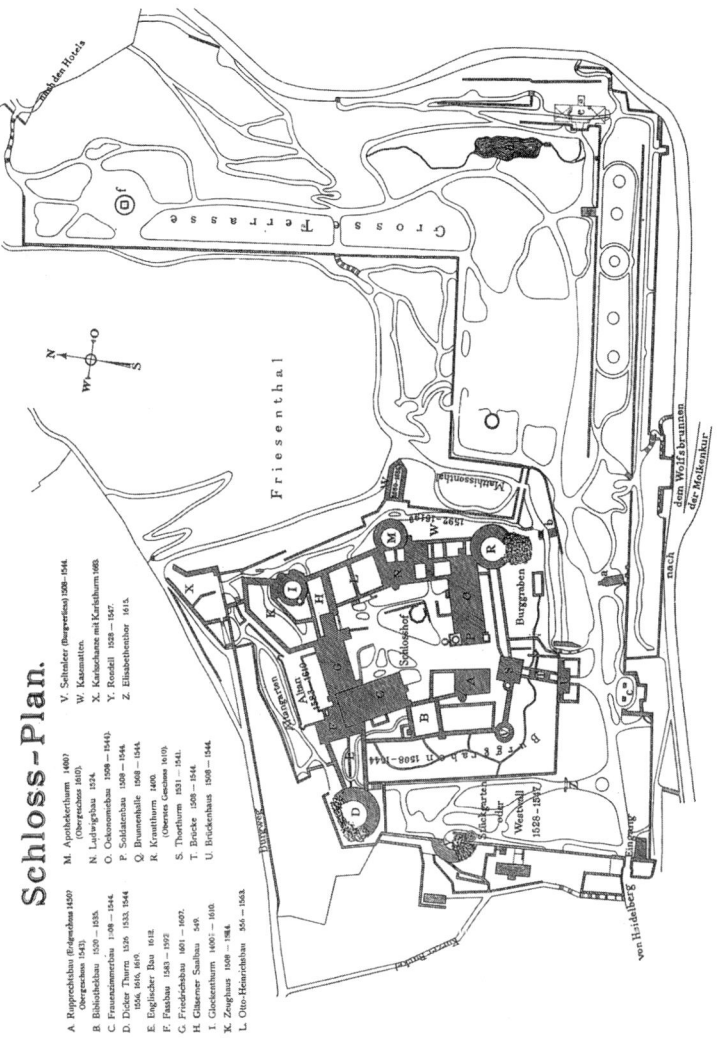

Schloss-Plan.

A. Rupprechtsbau (Pfalzgrafenhaus 1420? (Obergeschoss 1545).
B. Bibliothekbau 1520 — 1535.
C. Frauenzimmerbau 1 08 — 1544.
D. Dicker Thurm 1526, 1533, 1544, 1554, 1616, 1619.
E. Englischer Bau 1612.
F. Fassbau 1583 — 1592.
G. Friedrichsbau 1601 — 1607.
H. Gläserner Saalbau 549.
I. Glockenthurm 1400? — 1610.
K. Zeughaus 1509 — 1984.
L. Otto-Heinrichsbau 556 — 1563.

M. Apothekerthurm 1407
N. Ludwigsbau 1524.
O. Oekonomiebau 1509 — 1544.
P. Soldatenbau 1508 — 1544.
Q. Brunnenhalle 1508 — 1544.
R. Krautthurm 1460.
S. Thorthurm 1531 — 1541.
T. Brücke 1505 — 1544.
U. Brückenhaus 1508 — 1544.

V. Seltenleer (Burgverliess) 1508—1544.
W. Kasematten.
X. Kariscbanke mit Karlsthurm 1683.
Y. Rondell 1528 — 1547.
Z. Elisabethenthor 1615.

Pfälzisches Sagenbuch

Jeder Landstrich, jede Stadt und jeder Ort der Pfalz hat seine Sagen und Geschichten, die von Generation zu Generation weitergegeben wurden. Der auch als „Pfälzer Grimm" bekannte Friedrich Wilhelm Hebel widmete sein Leben der Sammlung dieses unerschöpflichen Sagenschatzes.

In seinem legendären „Pfälzischen Sagenbuch" aus dem Jahre 1912, das hier in einer Neuauflage vorliegt, findet der Leser geheimnisvolle, schaurige und oftmals auch humorvolle Geschichten und Begebenheiten, die sich um die prägenden Plätze und Persönlichkeiten der Pfalz ranken.

„Hebel hat mit seiner Sammlung der gesamten Pfalz einen unschätzbaren Dienst erwiesen."
(aus dem Nachwort von Karlheinz Schauder)

ISBN 978-3-939540-01-4
256 Seiten, Euro 16,80

166

Magister Fuchs

Es sprach der Fuchs zum Löwen:
„Herr König, hör mich an,
Das Lehren und das Lernen
Bricht immer mehr sich Bahn,
Doch sieht's in der Beziehung,
Es ist ein Schreck, ein Graus,
Gerad in unserm Reiche
Gar schaurig-traurig aus!"

Mit diesen Worten beginnt die liebenswerte Geschichte des Magisters Fuchs, dem ersten Lehrer, der die Schulpflicht in der Tierwelt einführen wollte und auf anrührende Weise scheiterte.

Wie das zuging, schildern Lina Sommer und Otto Dill mit spitzer Feder und einem unnachahmlichen Pinselschwung.

Der hier erfolgte Nachdruck des schon 1905 erfolgreichen Bilderbuches ist ein Fundstück für Kinder und Erwachsene. Ein kunstvoll gestalteter Seufzer zum Thema Schule.

ISBN 978-3-939540-02-1, 32 Seiten,
13 farbige ganzseitige Illustrationen, Euro 14,80

Bildnachweis: